El papel utilizado para la impresión de este libro ha sido fabricado a partir de madera procedente de bosques y plantaciones gestionadas con los más altos estándares ambientales, garantizando una explotación de los recursos sostenible con el medio ambiente y beneficiosa para las personas. Por este motivo, Greenpeace acredita que este libro cumple los requisitos ambientales y sociales necesarios para ser considerado un libro «amigo de los bosques». El proyecto «Libros amigos de los bosques» promueve la conservación y el uso sostenible de los bosques, en especial de los Bosques Primarios, los últimos bosques vírgenes del planeta.

Primera edición: octubre de 2015

Printed in Spain – Impreso en España

ISBN: 978-84-03-50970-2
Depósito legal: B-18915-2015

Diseño y maquetación: Penguin Random House Grupo Editorial
Impreso en Orymu Artes Gráficas, S. L.
Pinto (Madrid)

AG 0 9 7 0 2

Penguin
Random House
Grupo Editorial

Dibujamos el mundo

Javier Pérez

Texto de Albert Martínez López-Amor

AGUILAR
· OCIO ·

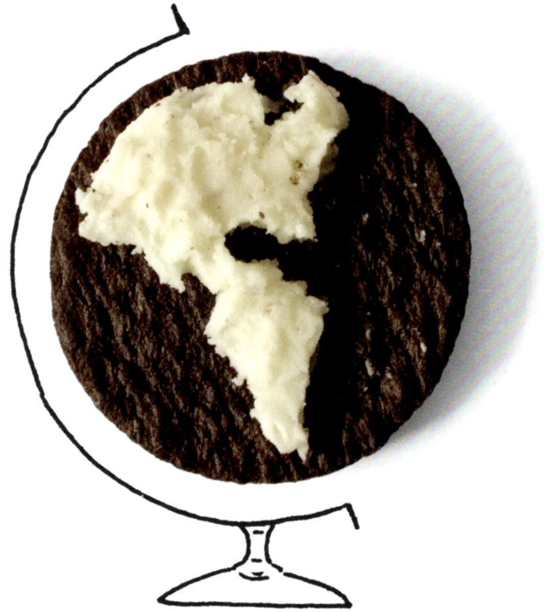

Índice

al aire libre

¿Quién inventó lo de «disfrutar del aire libre»? Seguro que fue algún ocioso terrateniente con los riñones bien cubiertos por las rentas de las muchas fincas por las que se dedicaba a pasear. Porque, en realidad, el llamado «aire libre» está lleno de trabajo y ajetreo. Abejas que se afanan en sus labores de metalurgia, pájaros lectores, cactus con piercing, aparejadores con seis patas, mariposas divirtiéndose y, en medio de todo, caracoles que intentan regular todo el follón. ¡Pero si la naturaleza es lo más parecido a una dinámica ciudad cosmopolita!

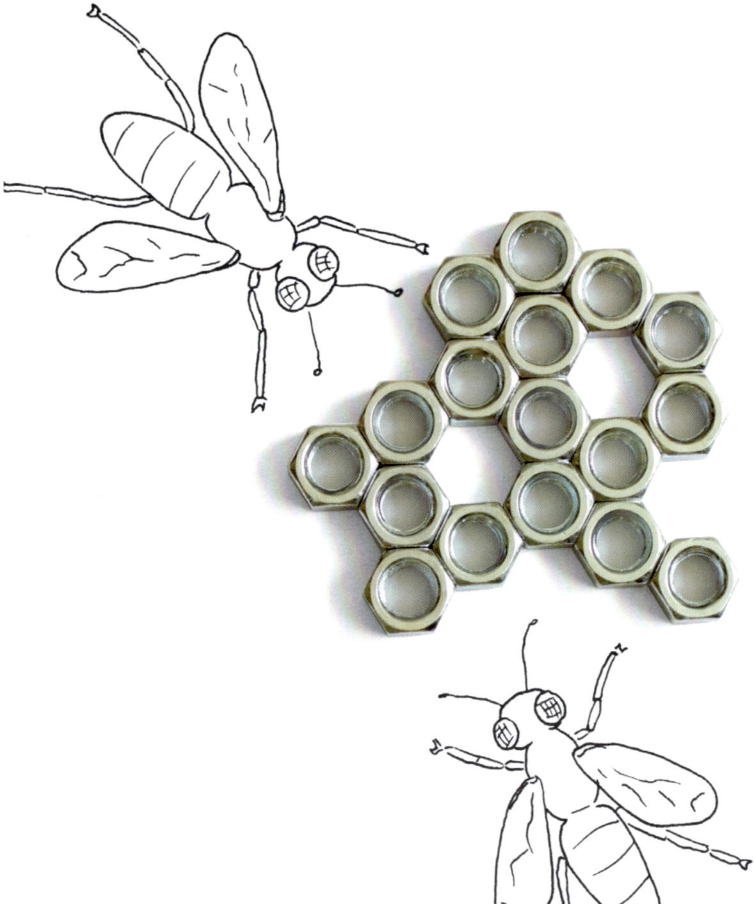

La especialización está llegando al mundo de las abejas.

Más allá de la clásica división entre reinas, obreras y zánganos, hay colmenas que se enfocan a la elaboración de mieles con propiedades exclusivas. Vemos aquí un detalle de un panal destinado a producir una miel con contenido reforzado de hierro. Especialmente recomendada para anémicos.

En esta nueva etapa hay algo que no cambia, y es que el trabajo duro sigue estando a cargo de las esforzadas abejas obreras.

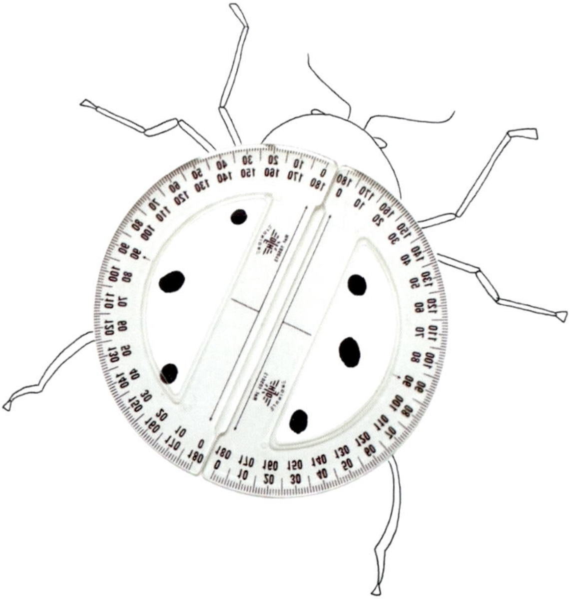

Mientras sus congéneres, unidos en un sólido clan, se especializaban casi sin excepción en la recogida y procesamiento de detritos varios, ella siempre fue por libre, aun cuando su independencia de criterio le causara los más agrios enfrentamientos con la familia. Abandonó el hogar paterno muy pronto y se colocó en mil y un oficios para sufragarse la carrera escogida. Con los años, su tesón dio frutos y Mariette se convirtió en la aparejadora mejor valorada, y más contratada, de todo el prado. Llegó un momento en que no había ni una sola nueva construcción de hormiguero, nido o enjambre que en los permisos oficiales no llevara estampada su firma.

La moda del tunning ha llegado
al mundo del erizo.

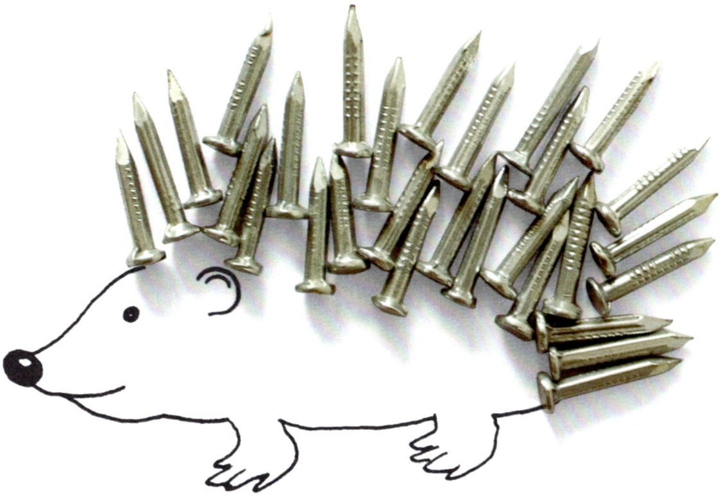

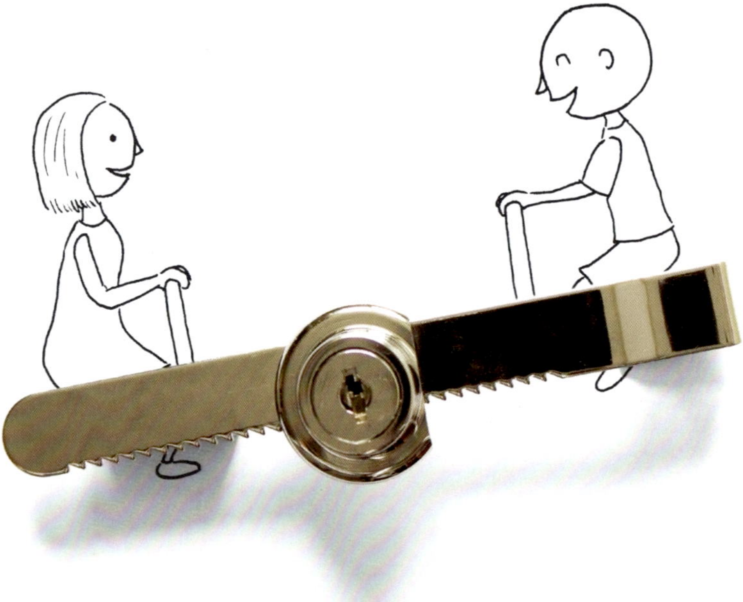

– Hemos enviado reclamaciones al Departamento de Jardines.
– A la Concejalía de Urbanismo.
– A la sede del distrito.
– Al Defensor del Menor.
– ¡Yo incluso le envié una al Tribunal Constitucional!
– ¡Pues yo a los Reyes Magos!
– Y al final... ¡Ha sido tan sencillo como meter un clip por la ranura, hacer clic y reabrir nuestro parque!

Procuraba escoger libros de algo más de 350 páginas: sabía que le durarían todo un año. Una página por día, junto antes de acostarse. Y así iba pasando el año. Tras el verano, cuando caían las primeras hojas, iba llegando al final de la lectura. Era entonces cuando, en un corto vuelo, se acercaba a la biblioteca del bosque para sacar un nuevo techo bajo el que pasar un año más.

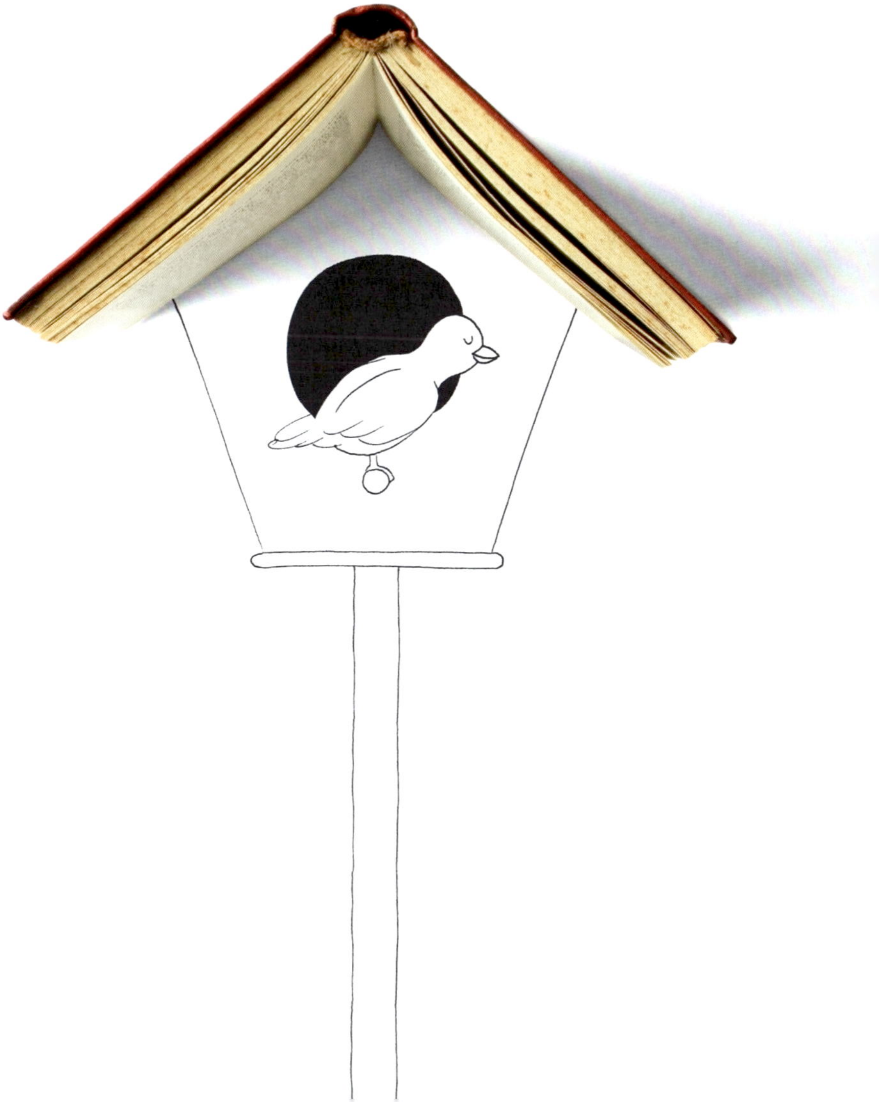

Primero fue la moda de los tatus, y los cactus se marcaron dibujos étnicos, motivos florales, el escudo de su equipo y un "amor de madre" así de grande. Poco después llegó una nueva tendencia un pelín más dolorosa, y sus troncos, brazos y tallos se llenaron de piercings de pinchos.

Los mayores se exclamaban:
«¡pero cómo os ponéis eso, si toda la vida
hemos tenido espinas naturales!».

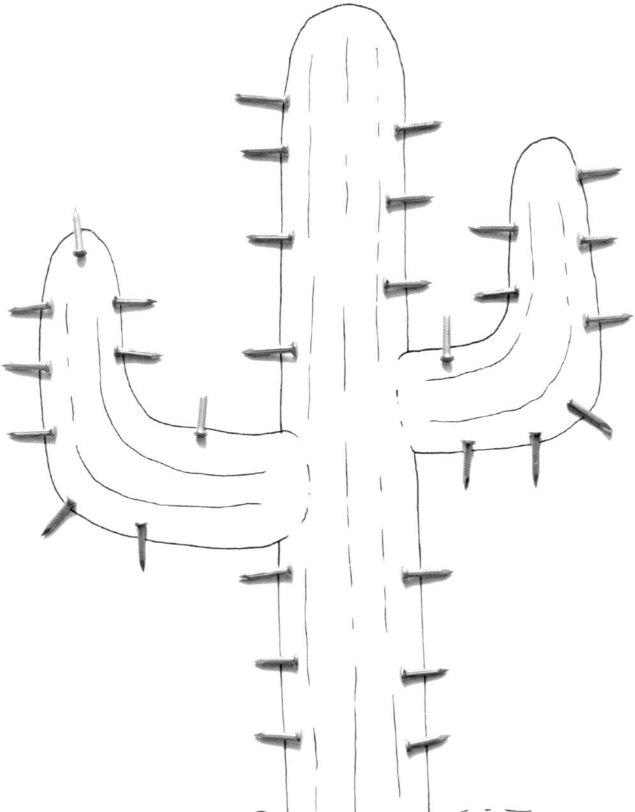

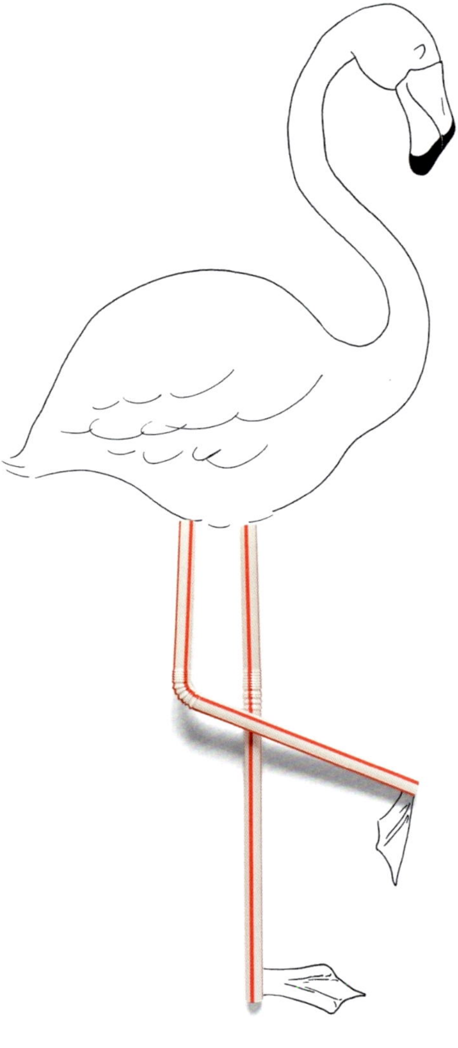

La mejor manera de afrontar una visita a las marismas de Santo Domingo, con todos sus pajarracos exóticos, sus caimanes, pirañas, manglares y flamencos, es pensar en lo que viene después: ese daiquiri que me espera en el bar del hotel.

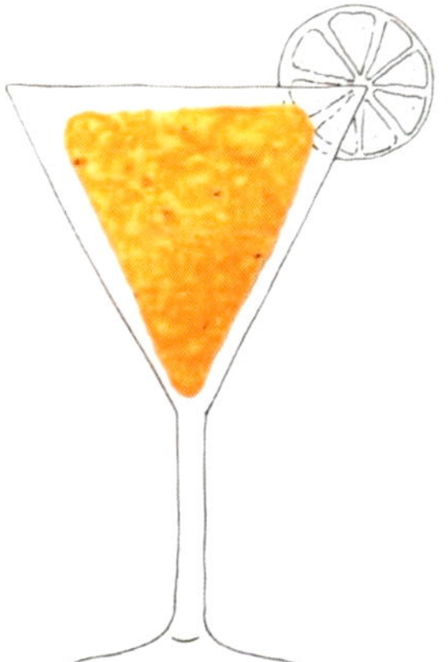

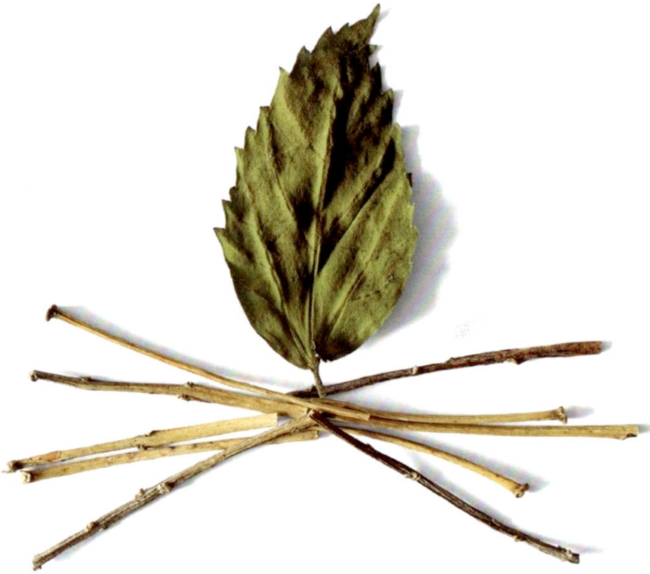

El escudo oficial
de los protectores
del bosque.

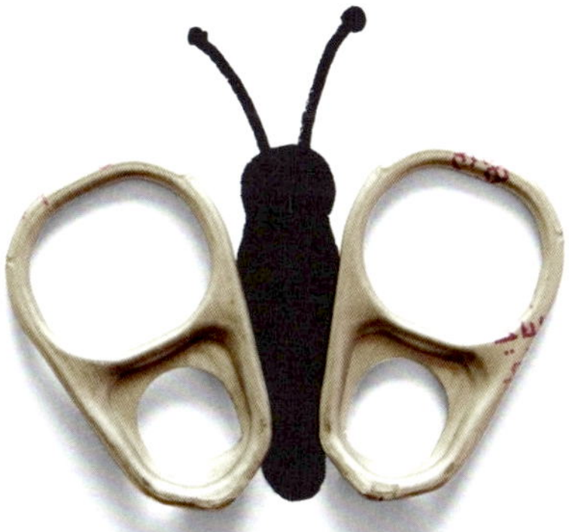

Este refresco sí que da alas (¡pero solo si te tomas dos latas!).

Dos amigas han quedado para ir de compras a un nuevo centro comercial que acaban de abrir al principio del bosque. Tras revolotear por outlets, grandes cadenas y tiendecillas varias, encuentran el *pret-à-porter* de su vida en el tercer árbol empezando por la izquierda.

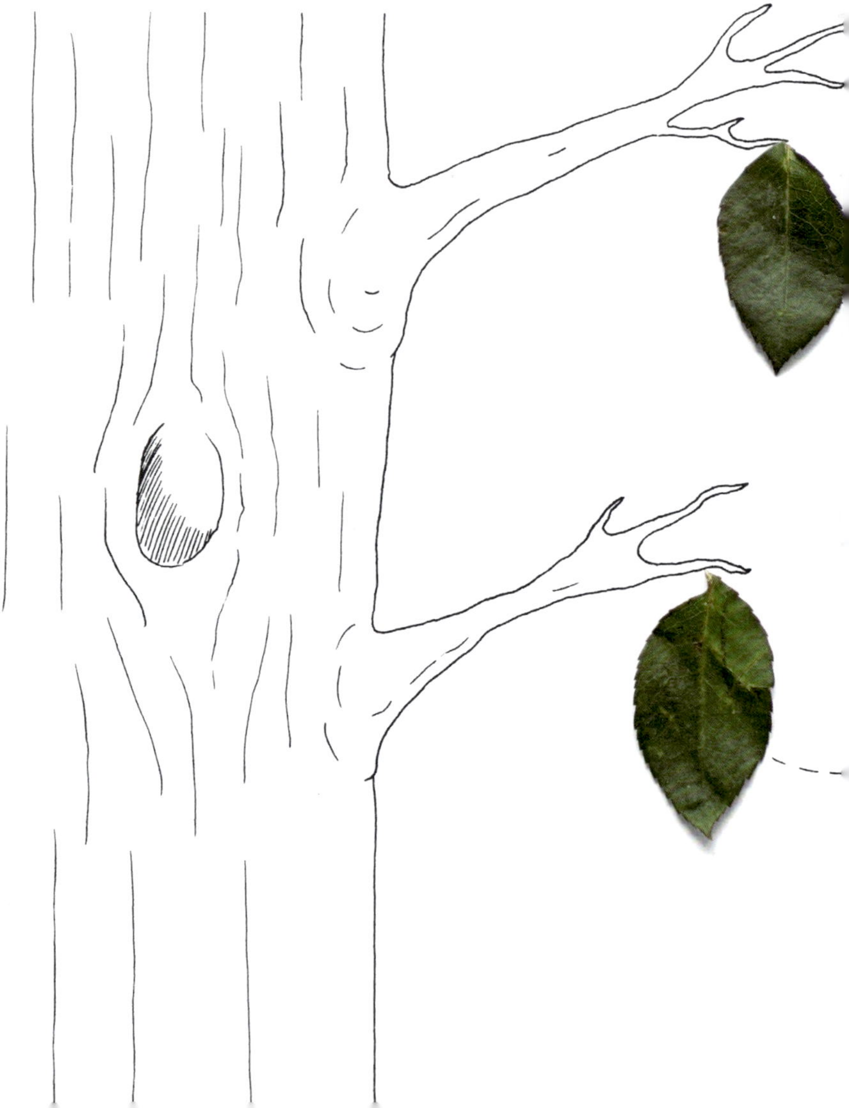

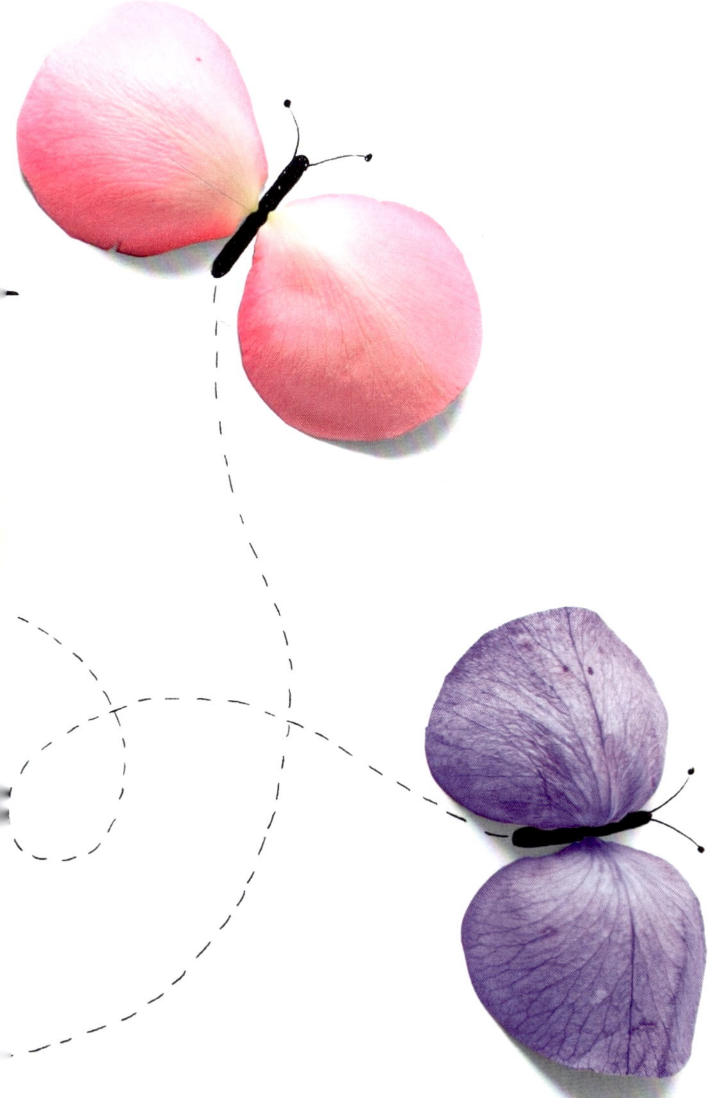

Al cabo de un rato salen con sendos modelitos divinos.
¡Esta primavera van a causar sensación!

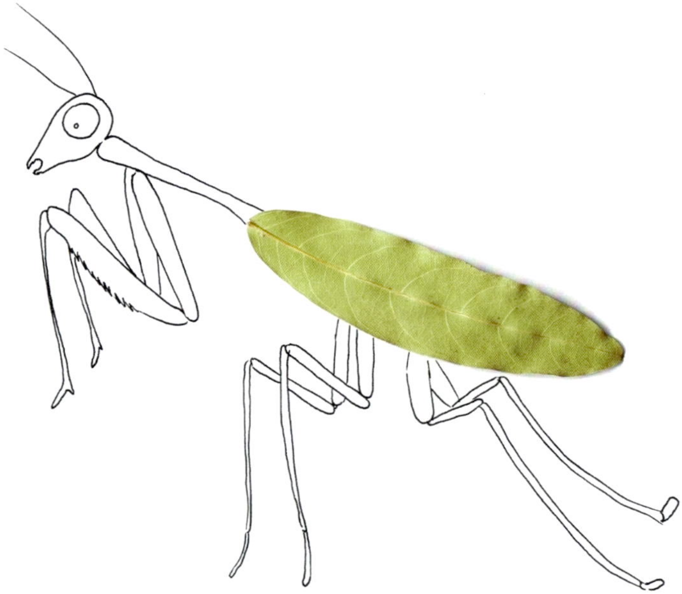

Cumpliendo con lo que exigen sus genes, se dispone a ponerse cariñosa, abrazar a su novio y, cuando menos se lo espere, meterle un bocado, y otro, y otro. Y zampárselo. La vida es así y ella no lo puede evitar. De hecho, solo hay un pequeño detalle que le echa para atrás. Su madre le ha confesado que el sabor de los machotes de la especie no es todo lo delicioso que debería. Así que ha tomado precauciones: en vez de devorarlo crudo, lo cocerá en agua hirviendo y una hojita de laurel. Ya se ha hecho con ella. Y ahora, a preparar la comida.

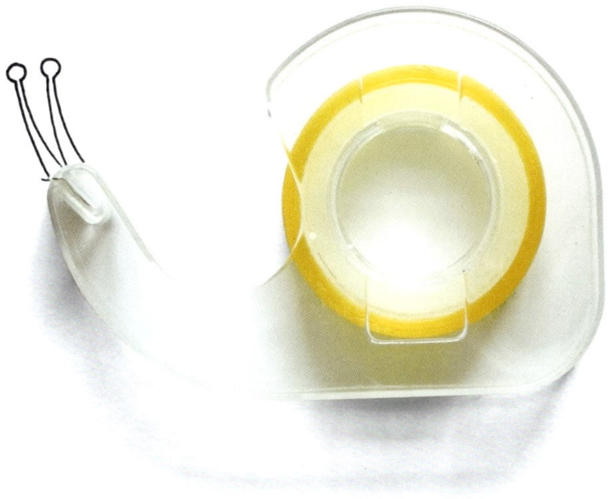

Anteayer pegó tres carteles, ayer dos, hoy quizá serán otros cuatro. No tiene prisa y va a su ritmo, pegando donde quiere. De hecho, visita centenares de sitios al día, pero solo pone su cartelito en una ínfima parte. Esa es la filosofía: lenta pero segura. Escogiendo el lugar, midiendo el espacio, arrancando el trozo de celo perfecto, haciendo de la pegada todo un arte. Tranquilidad, selección y afinar el tiro. Total, para anunciar que da clases de macramé escandinavo, mejor tomárselo con filosofía. ¿O no?

Mira las luciérnagas: llevan toda la vida siendo unas crápulas trasnochadoras y, gracias a su dichosa lucecita, caen simpáticas a todo el mundo.
Pues ya está bien: he decidido ser como ellas.

¡Brillante y luminosa, y más chula que nadie!

Me voy a tunear un pedazo de bombilla trasera que no va a haber bicho que se libre de mi deslumbrante vuelo nocturno.

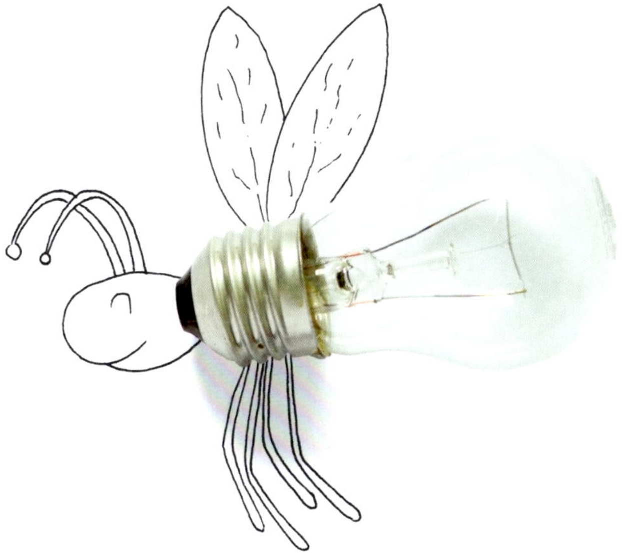

Sacaron los coches de las calles y en las aceras plantaron hileras de naranjos. Desde entonces, el perfume de azahar llena cada invierno la ciudad.

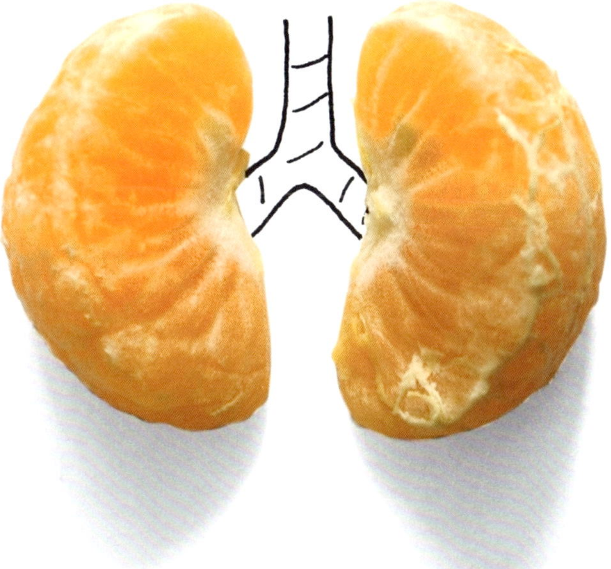

Lo que más le gustaba en la vida era el fútbol y las hormigas. Le encantaba irse al estadio los domingos por la tarde, sentarse en su localidad de la grada sur, la de los seguidores más vocingleros y entusiastas, y seguir con pasión infinita las evoluciones de su equipo.

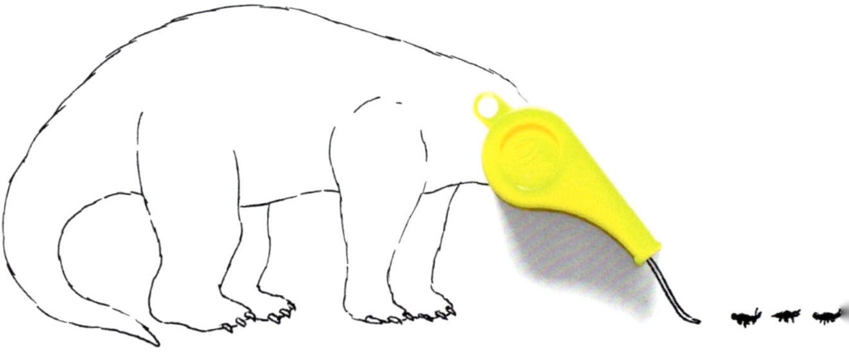

Era el mejor momento de la semana y, aún más, si en sus manos tenía una bolsa de crujientes hormigas fritas. Las aspiraba con fruición, las relamía, las saboreaba, las...

¡¡¡GOOOL!!!

Sentimos

Algo tienen los árboles que nos toca la fibra. Una energía profunda, un recuerdo atávico, un susurro imperceptible. Sus hojas se convierten en metáforas de una sencillez y una precisión asombrosas. Desde la alegría más contagiosa hasta el más atribulado pesar: si quieres expresarte, hazlo con una hoja de árbol.
Y si no tienes ningún bosque o jardín cerca, no pasa nada: prueba a explicar tantas cosas como quieras con un pedazo de porexpán, un cartabón, una bolsita de té, un silbato o unos cálidos calcetines de cuadros. Se trata de apreciar la vida que contiene cualquier objeto cotidiano.

Y anudada al pie, una preciosa bufanda de lana merina de color verde oliva.

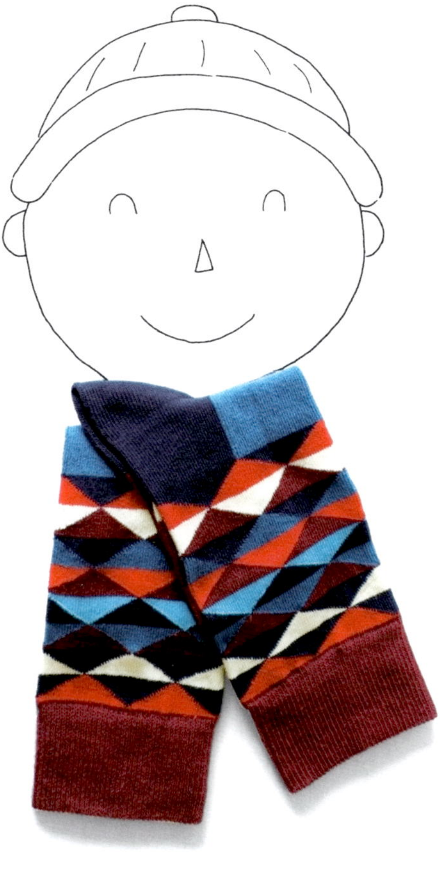

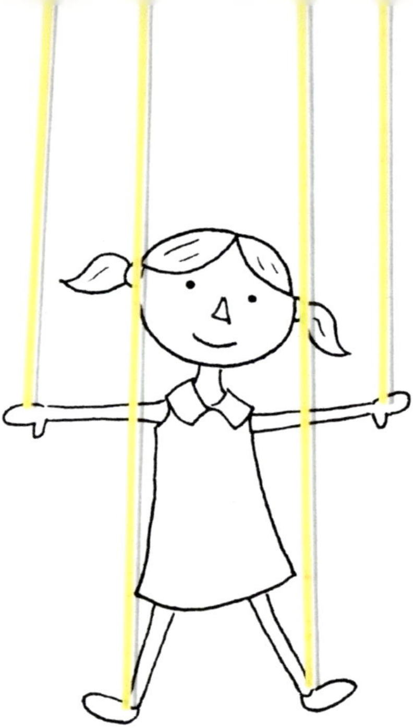

El plato es una pista para correr, bailar y saltar. Con la salsa de tomate podemos pintar cuadros expresionistas. El queso rayado es el confeti de la fiesta. Y con los espagueti jugamos a marionetas. ¡Qué divertido es cuando tenemos pasta para comer!

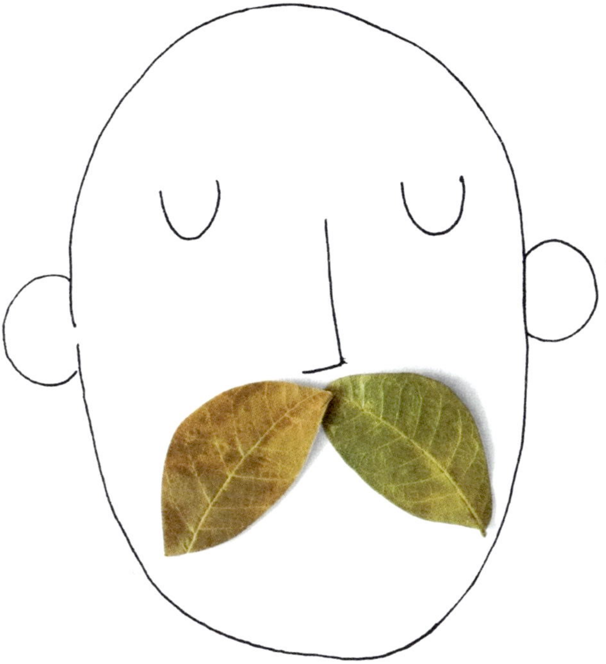

Por fin el jardinero imberbe ha podido cumplir su sueño:
¡ser el más hipster de Hyde Park!

Conflicto jurisdiccional

– ¡Ese caracol ha superado siete veces el límite de velocidad en mi zona!
– Ya, pero se ha metido en la mía y aquí no ha infringido ninguna norma.
– ¡Tengo que pasar para multarle!
– Imposible: este trozo de prado queda fuera de su autoridad.

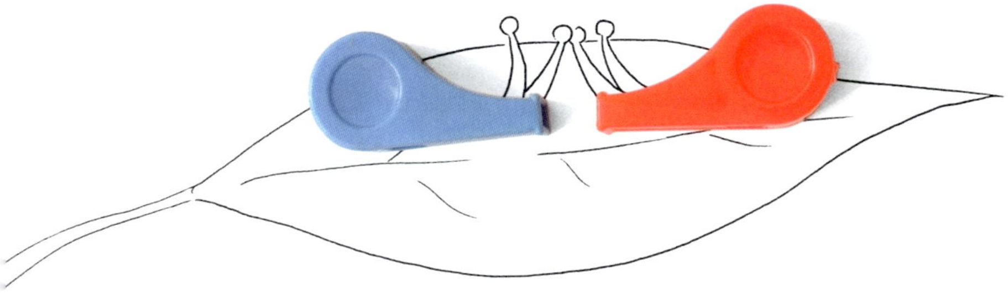

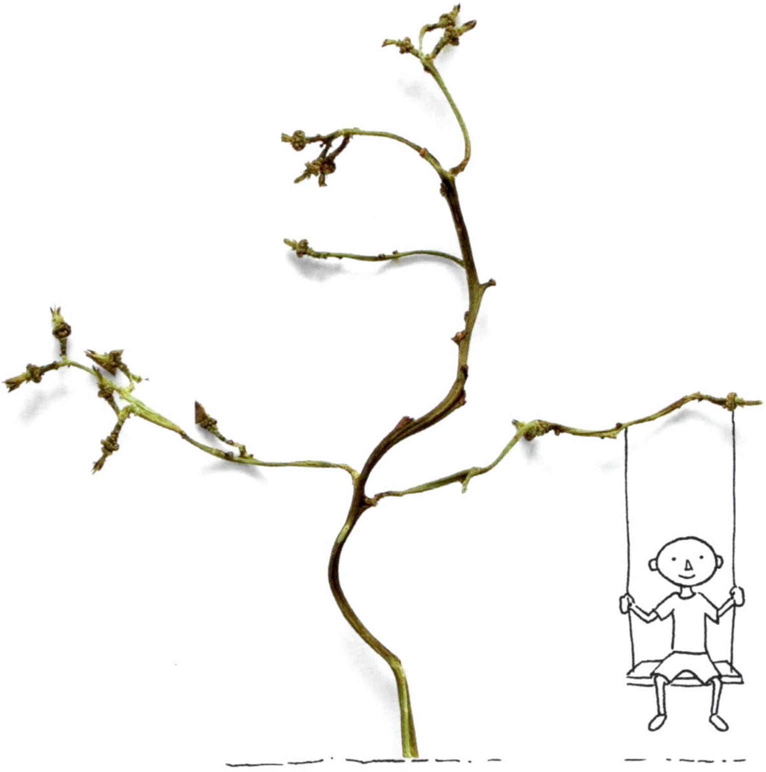

¿Habéis hecho alguna vez la vendimia?

Es una experiencia inolvidable. Mezcla la ingenuidad de la naturaleza, la monotonía inocente y segura de un juego de niños, la satisfacción del trabajo con las manos. Son días en los que el tiempo y el propio cuerpo se viven y se notan de forma diferente.

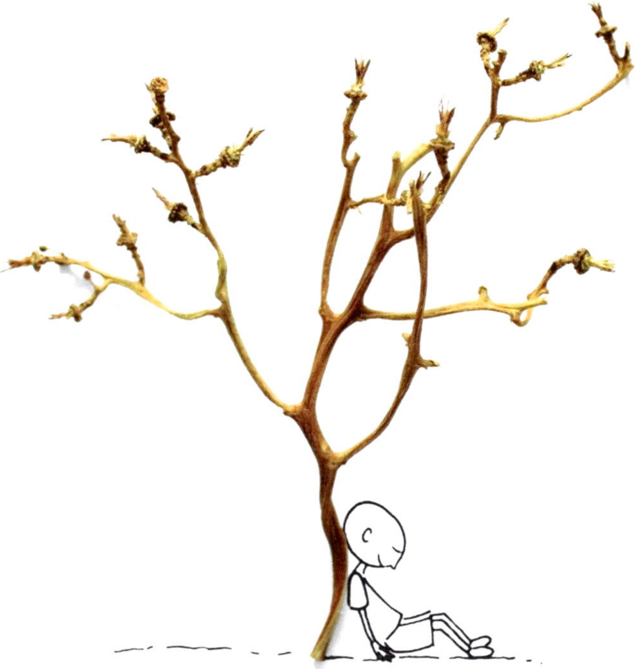

Al final, acabas exhausto, con el sentimiento de haberlo dado todo y, a la vez, de haber alcanzado algo muy parecido a la felicidad.

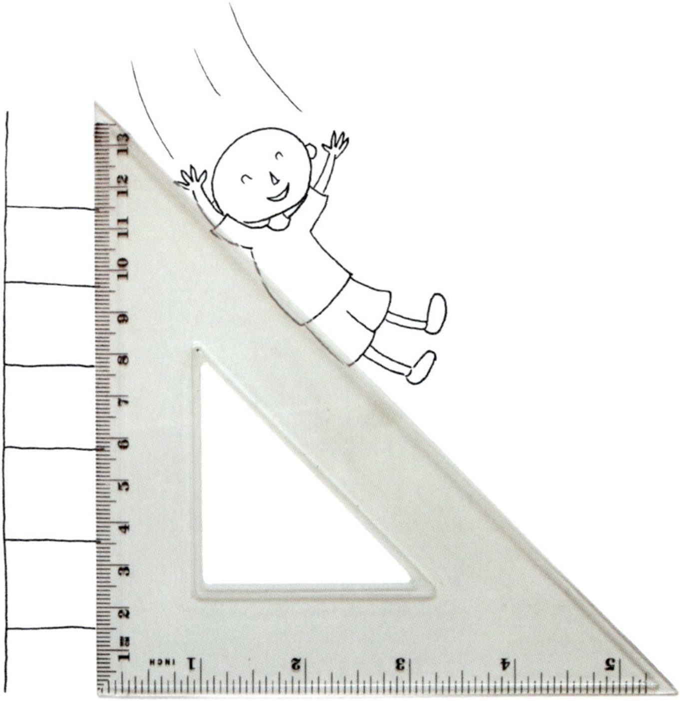

No habrá en toda la ciudad un tobogán como este. Con una escalera resistente y bien pintada, con un grado de inclinación ideal para coger la velocidad precisa y, sobre todo, con una pendiente de superficie lisa, impermeable y siempre limpia.

¡Será sencillamente perfecto! En cuanto acabe de diseñarlo envío el boceto al alcalde.

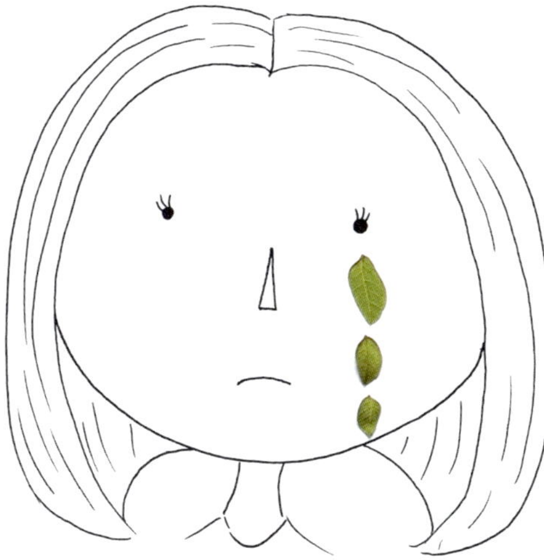

Si por cada árbol que se tala en la selva amazónica viertes una lágrima, llorarás 12.000 lágrimas al día, más de 4 millones cada año, 360 millones en toda tu vida.
Para elaborar un solo paquete de pañuelos de papel se utilizan 2,5 kg de madera: una rama de tamaño medio.
¿O no?

Aquel día perdió

su globo,

pero un año más tarde

el parque se había convertido...

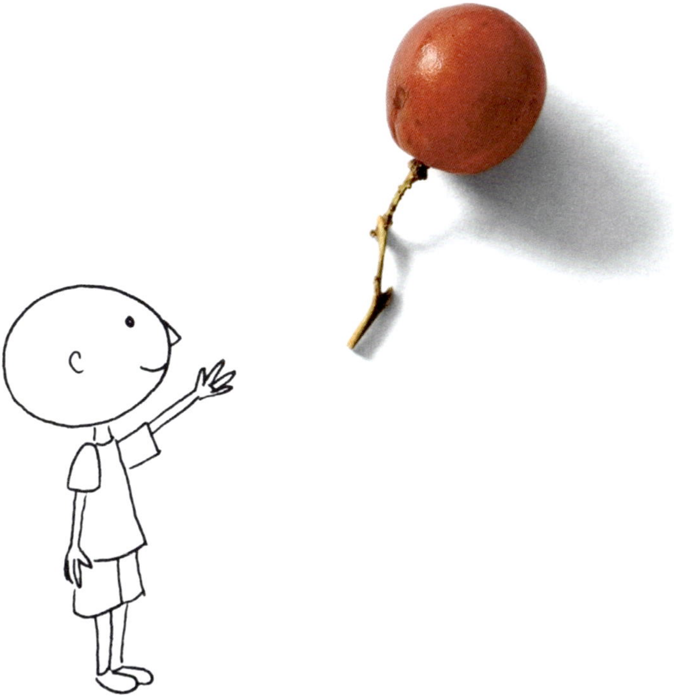

en un precioso viñedo.

Se despertó en mitad de la noche. Notaba una molestia en la espalda. ¿Y si la genial idea no era tan buena como había previsto? La hamaca se quebraba poco a poco y un trozo de hoja seca se le estaba clavando entre el omoplato izquierdo y la columna. Un fastidio. Y lo peor es que hasta la primavera no iba a encontrar hojas verdes y frescas, que aguantaran perfectamente su peso. Empezó a darle vueltas al problema y se desveló.
Pero al final halló una solución: al salir el sol buscaría un plátano con cuya piel poder hacer una nueva hamaca. Seguramente acabaría oliendo, pero durante algunas noches seguro que no iba a romperse.

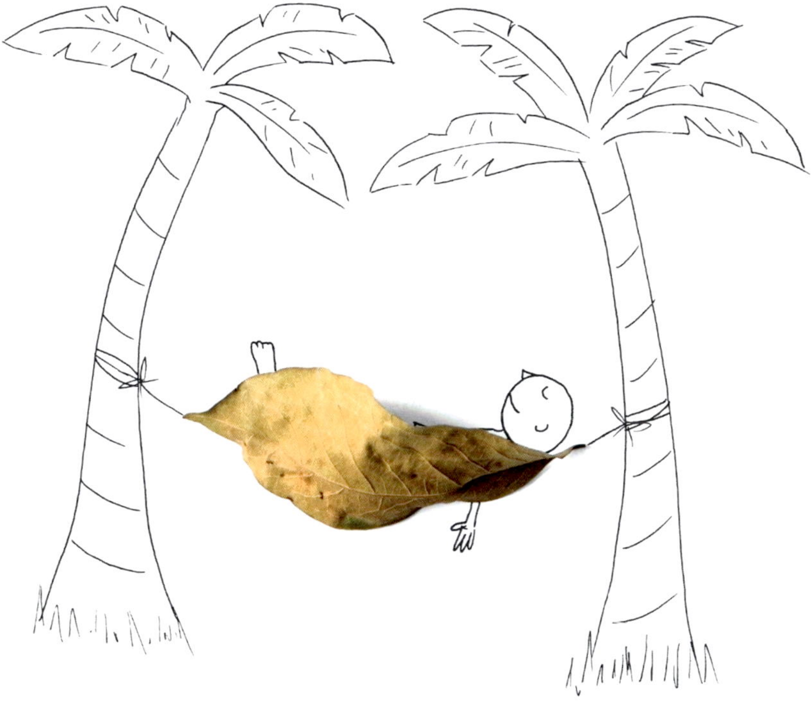

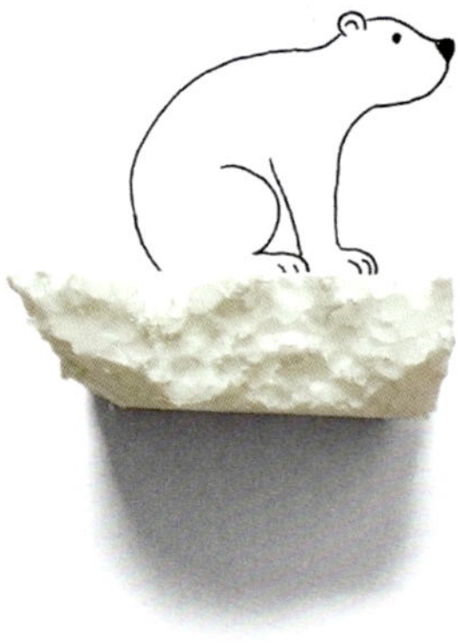

– No estoy seguro de querer ir a verte.
– ¿Y eso?
– Es que el agua está helada, y no me apetece demasiado ponerme a remar con los brazos.
– ¿Y si voy yo?
– ¿No te importa el frío?

– Ni el frío ni el calor, por ti viviría hasta en el Caribe.
– Calla, calla, solo de pensar en lo que se debe sudar por allá abajo...
– De verdad, cómo eres.

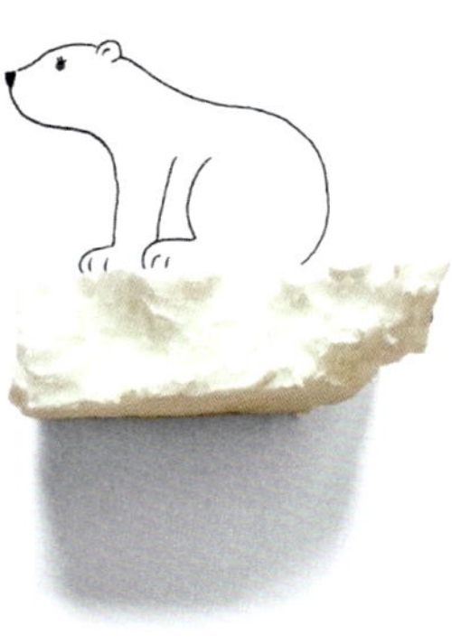

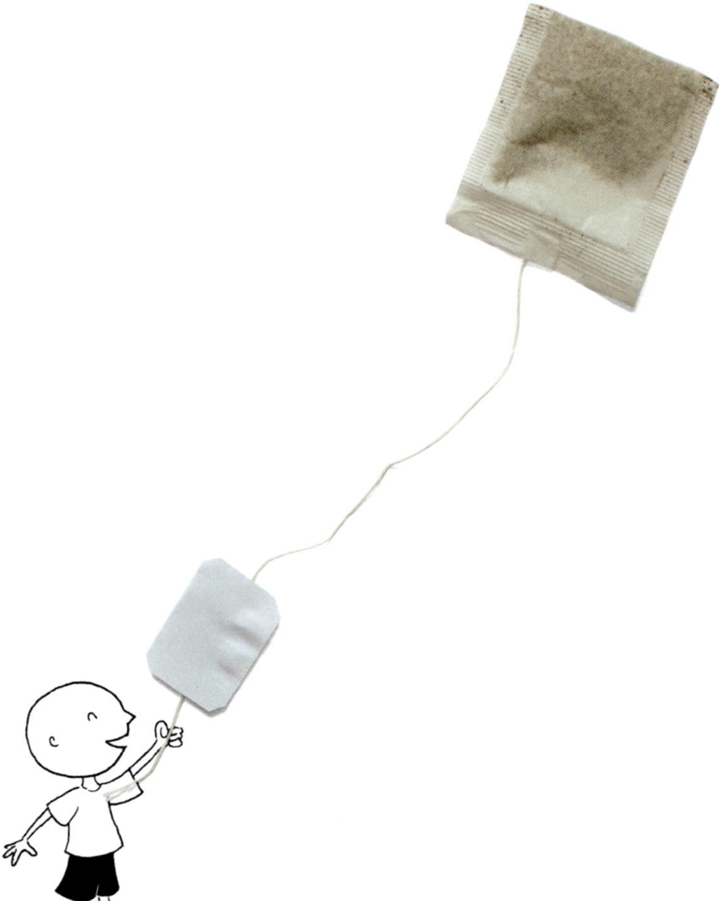

Vientos perfumados por cometas de infusión.
Bergamota por el norte. Por el sur, jazmín.
Recorriendo el cielo, aromas de limón.
Oolong, pu-erh, sencha y darjeeling,

Toques de exotismo, fruta de la pasión.
Earl grey, and red and black and green.
Rooibos o poleo, elegir es la cuestión.
Es el cielo de los tés, de variedades mil.

Yo fui una buena oveja, ingenua y obediente, hasta que me harté de que usaran mi impoluta lana blanca como materia prima para fabricar algodoncitos desmaquilladores.

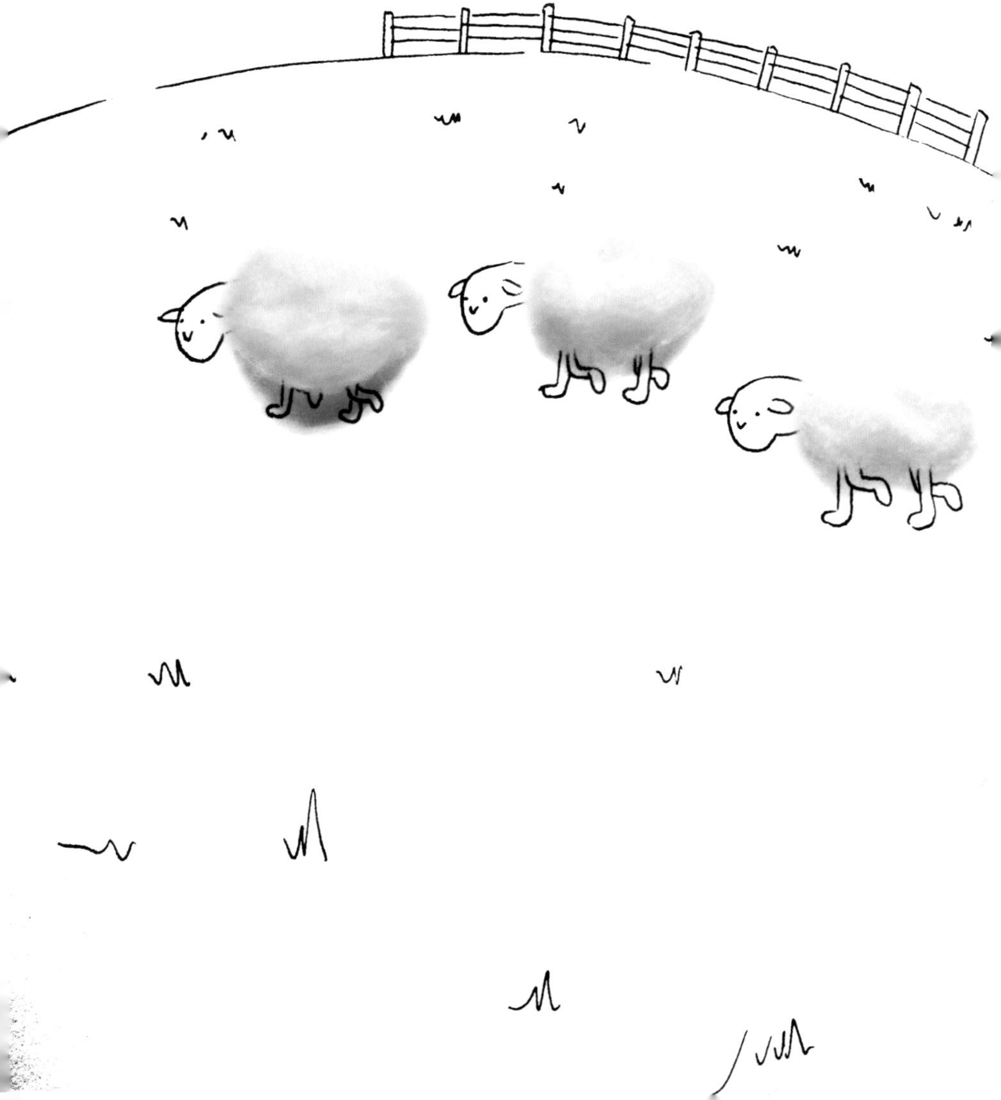

Un día me planté y les dije que nunca más. Para que no se les volviera a ocurrir hacer conmigo la prueba del algodón, me pinté el pellejo de negro y aquí estoy, libre por fin de las servidumbres del mercado de la dermoestética.

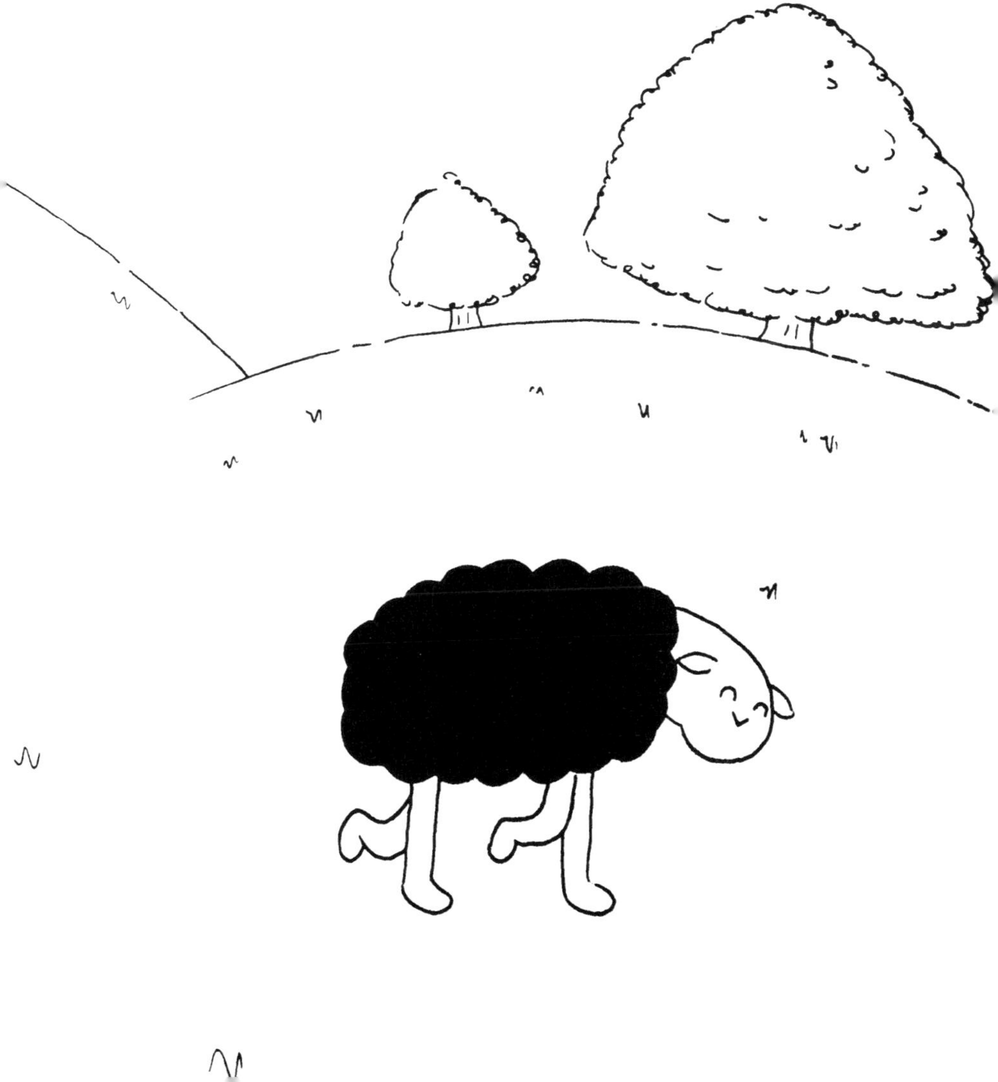

En casa

En casa se come, se duerme, se pasa el rato y, sobre todo, se juega. Es así desde siempre: el hogar como espacio de juego, como el lugar natural para la diversión. Ajedrez, muñecos, naipes, construcciones, charadas, juegos de mesa... ¡Y dibujar! Todo lo que se necesita es un lápiz y los objetos más cercanos como fuente de inspiración. Una percha, un tenedor, una galleta, una flor. Está todo a nuestro alcance desde ese observatorio privilegiado que es el escritorio, la ducha o el sofá. ¡Bienvenidos al mundo!

A veces las sobremesas aburridas son muy creativas,
¿verdad, René?

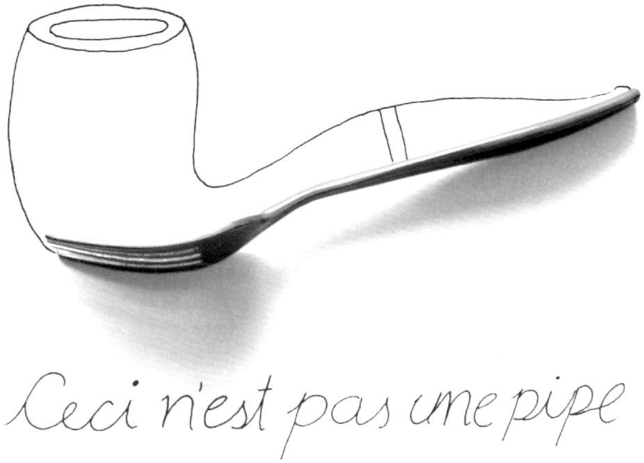
Ceci n'est pas une pipe

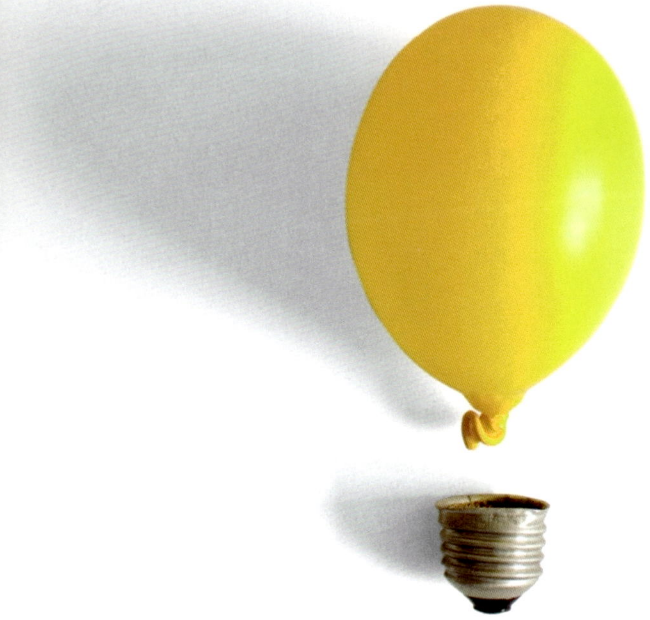

Sería genial transformar en energía eléctrica el aire de nuestros pulmones.

Respirar y mover un coche, silbar y cocer un huevo, inspirar y enviar un email. Hinchar un globo y que la bombilla ilumine toda la habitación. Si se funde, no pasa nada: ¡a soplar de nuevo!

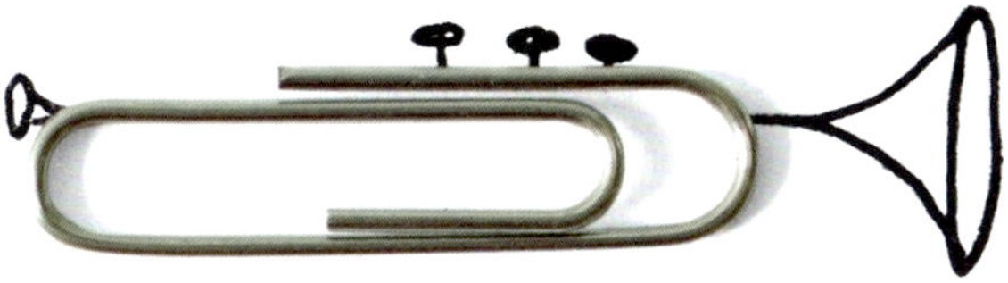

Dizzie abrió de golpe y la corriente de aire desparramó toda la montaña de papeles.

–¡Las partituras de esta noche! –gritó Miles.

–Te dije que las cogieras con un clip –gruñó Louis.

–¿Y ahora qué? –se lamentó Chet.

–No os preocupéis, se me ocurre algo –intervino Duke.

Y así es como nació la improvisación.

Guerras, masacres y horrores,
debates agrios encima de la mesa.
Artículos negros, malos humores:
hay días en que la prensa pesa.

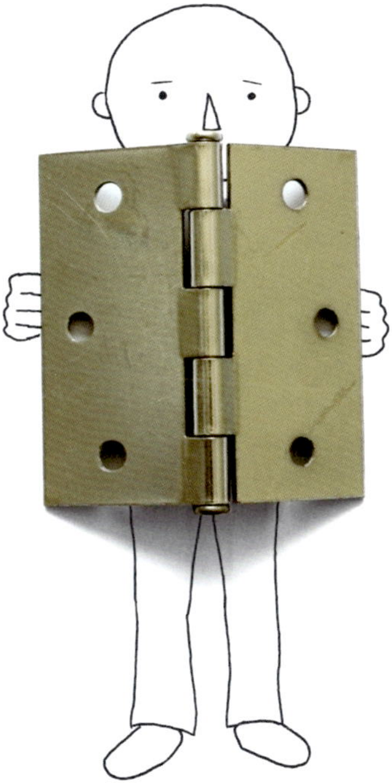

Entre "qué buena percha tiene ese joven" y "este tío es un colgao", ¡imaginad cuántas vidas caben en un solo dibujo!

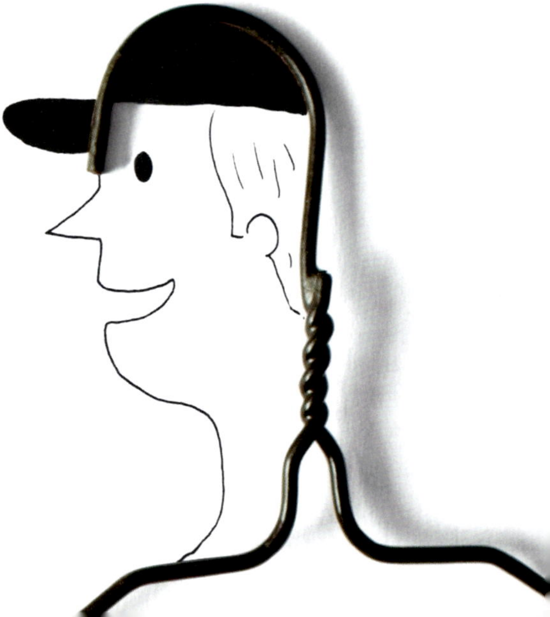

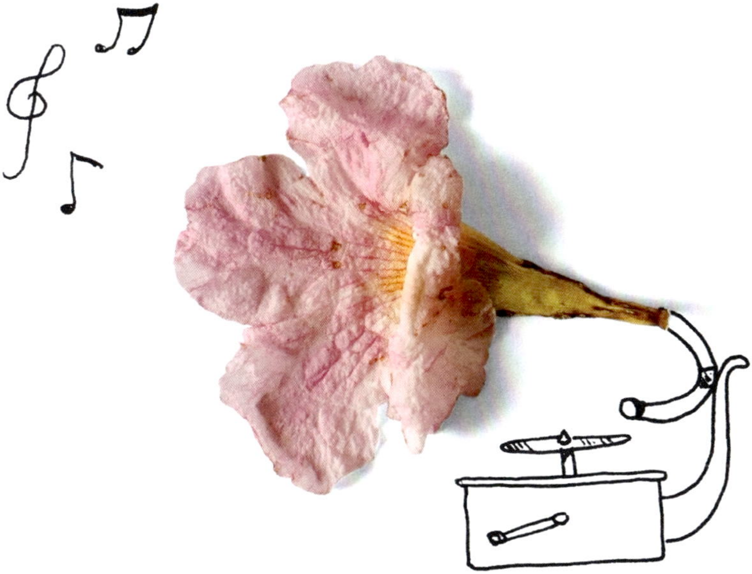

Sin duda,

es Vivaldi.

Pasarse al dibujo vectorial por ordenador le hacía muchísima ilusión, pero había algo que le preocupaba: no quería dejar sus viejos y queridos lápices abandonados en la soledad de un cajón. Tras pensarlo mucho, decidió reutilizarlos para diseñar una serie escultórica de homenaje a su otra gran pasión, la música tradicional de las culturas andinas. El primer objeto de la serie fue una flauta de pan hecha con siete lapiceros. Quedó preciosa. Ahora ya podía cerrar dignamente su larga trayectoria como ilustrador tradicional. Y quién sabe, quizá abría una nueva etapa como escultor.

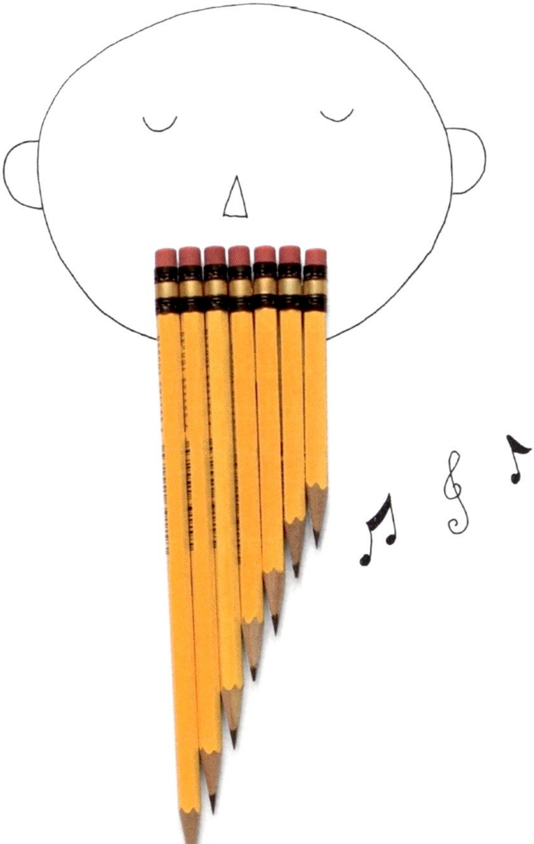

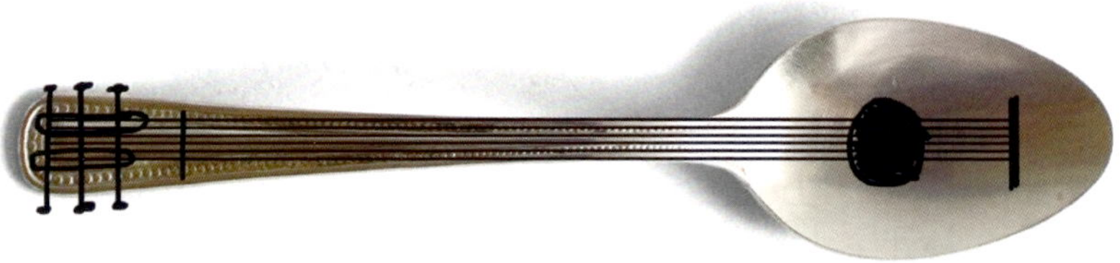

Antes se conquistaba con una mandolina bajo la luz de la luna. Ahora, lo mejor para ligar es un buen tiramisú casero.

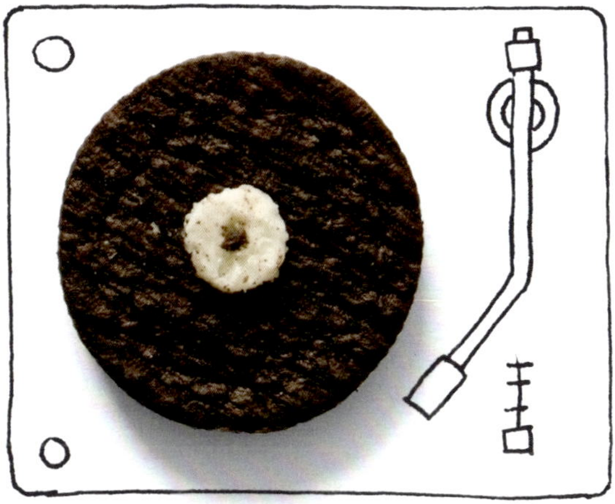

Música y oreos: ¿se necesita algo más para montar un guateque perfecto?

en
el
mar

El rumor de las olas ayuda mucho a dejar la mente en blanco. Y el hecho de estar de vacaciones, tostándose en la playa al sol del verano, también, claro está. En una situación así, puro placer y abandono, la imaginación encuentra vía libre para fluir. Entonces es cuando empiezas a ver simpáticos cangrejos con gafas, percheros convertidos en pulpos, submarinos muy caseros... Ahora levántate de la toalla, corre hacia las olas y deja que el agua salada te acaricie. Si notas un pellizco en el bañador, sabrás que te ha pillado un terrible animal marino. Nada serio.

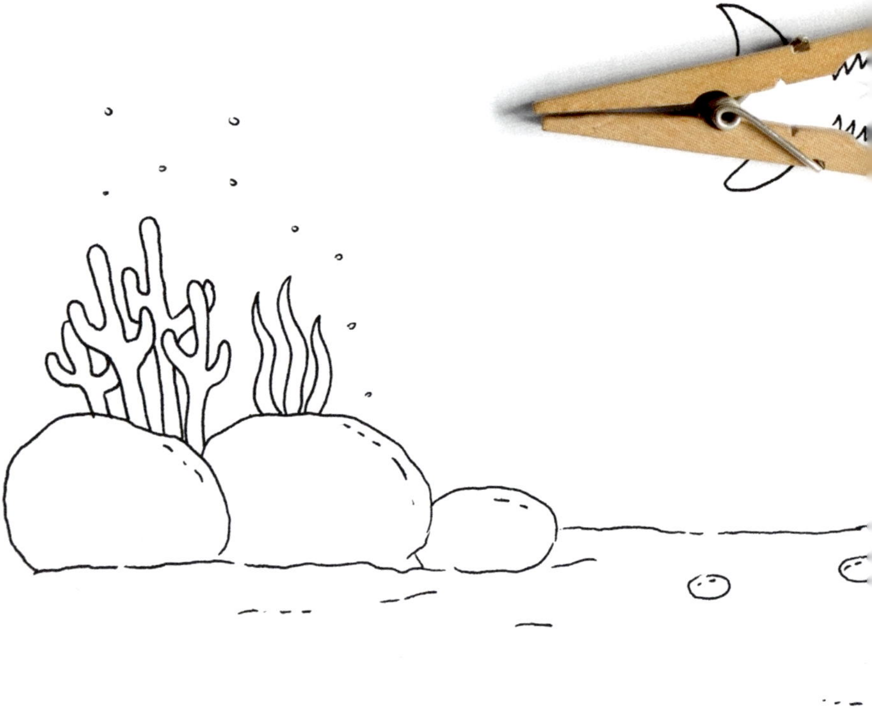

¿Qué tender la ropa es un rollo? Pues claro. Como planchar, fregar los cacharros o hacer la cama. Por eso yo, para cualquier tarea doméstica, uso una técnica infalible: juego. Sí, sí, juego.

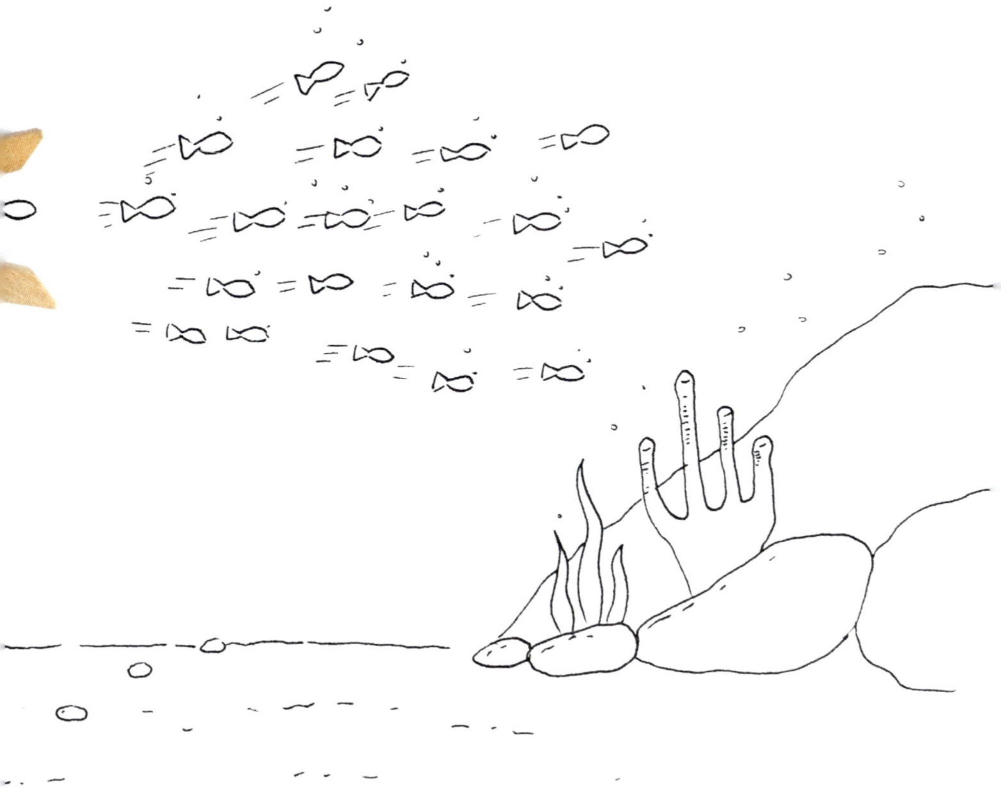

¿Un ejemplo? Volviendo al principio, imagínate que tienes que tender tres cubos de colada. Y entre ellos, 17 pares de calcetines de tus gemelos. Si se te hace cuesta arriba, imagínate que las pinzas que tienes entre manos son las temibles fauces de un monstruo marino en persecución de una nube de pececillos: los calcetines, lo has adivinado. ¿Ridículo? Puede, pero no veas qué fácilmente saco todo lo de la casa...

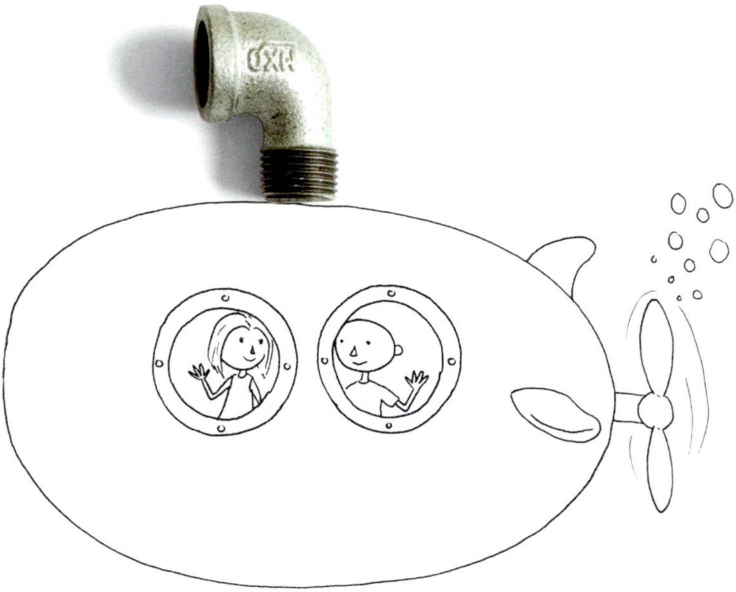

Lista de materiales:

- Hélice: comprar un molinillo de colores en las barracas de la feria.
- Timón: ¿podríamos usar una púa de guitarra de tu primo?
- Carrocería: tenemos un montón de latas de refrescos.
- Escotillas: botones de la abuela.
- Motor: usar la batería del móvil viejo de mi padre.
- Periscopio: ¡Lo tenemos! Me lo ha dado el fontanero que vino ayer a casa.

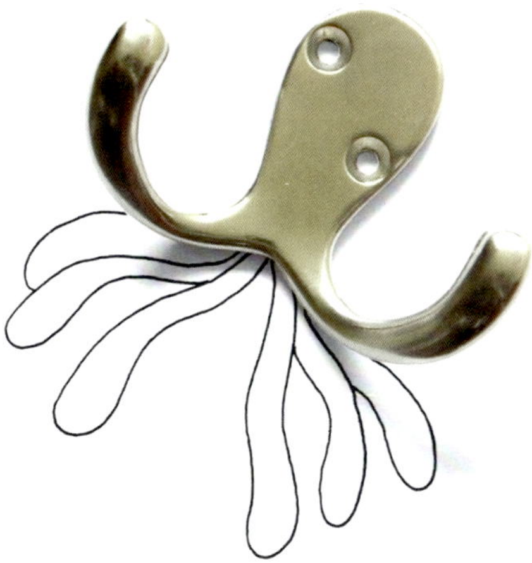

A Pop le encantan las noches de estreno en el Gran Teatro del Coral. Desde su puesto en el guardarropa disfruta de las mejores vistas de la alfombra roja. Las grandes estrellas se acercan con un insinuante movimiento de aletas. Embelesado, Pop les sostiene los armiños, las pieles, las pasminas de seda. En sueños se imagina acariciar esas bellas escamas. Total, manos tiene de sobras.

La crisis se había cebado con aquella playa pero, por suerte, aquí también vino el turismo a salvarnos y cangrejo encontró un trabajo a tiempo parcial vigilando que la brisa no se llevara las toallas.

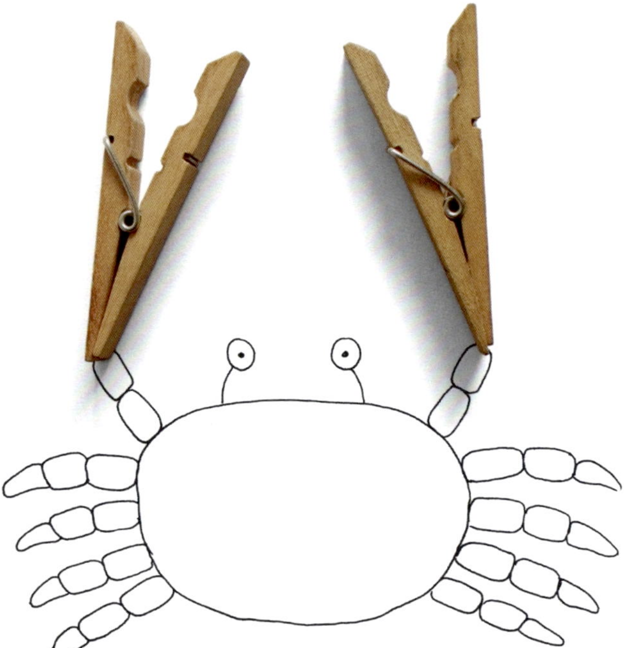

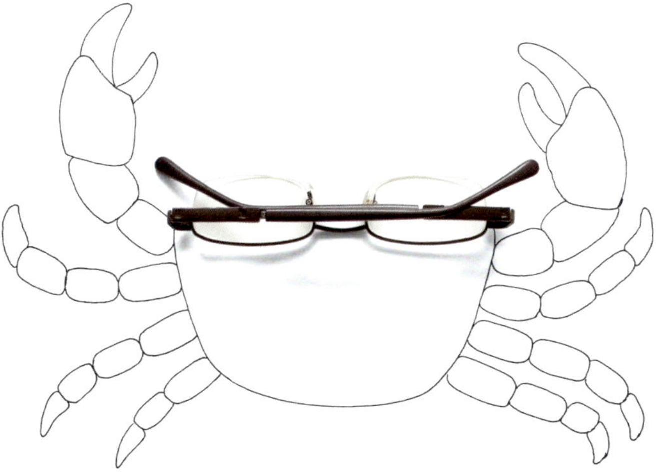

Sí, yo inventé lo de caminar de lado. Pero tengo que confesar que fue forzado por las circunstancias. Verán, un buen día me entró una miopía galopante. Las dioptrías aumentaban mes a mes y cada vez lo pasaba peor. ¡Llegaba a tropezar con mis propias pinzas! Así que decidí ir de costado. A los demás les encantaron mis nuevos andares y empezaron a imitarme. ¡Creé tendencia! Más tarde, harto ya de todo, me hice las gafas. Quedan un poco raras en un cangrejo pero, qué queréis que os diga, he podido volver a andar normal. Aunque ahora vuelvo a ser el raro de la playa...

Desde que un tiburón le arrancara la pierna derecha por debajo de la rodilla, su corsaria vida dio un vuelco y tuvo que reducir drásticamente la persecución activa de barcos indefensos, tesoros y botines: siempre era más lento que cualquiera de sus camaradas y no le dejaban ni un mísero céntimo por rapiñar. No tuvo más alternativa que reciclarse y el camino fue una de sus antiguas aficiones: el dibujo. Se hizo con una estratégica mesa en la taberna del puerto, desde donde observar el mundo alrededor. Y empezó a dibujarlo. Tiempo después, ya se había convertido en el artista más valorado de los siete mares.

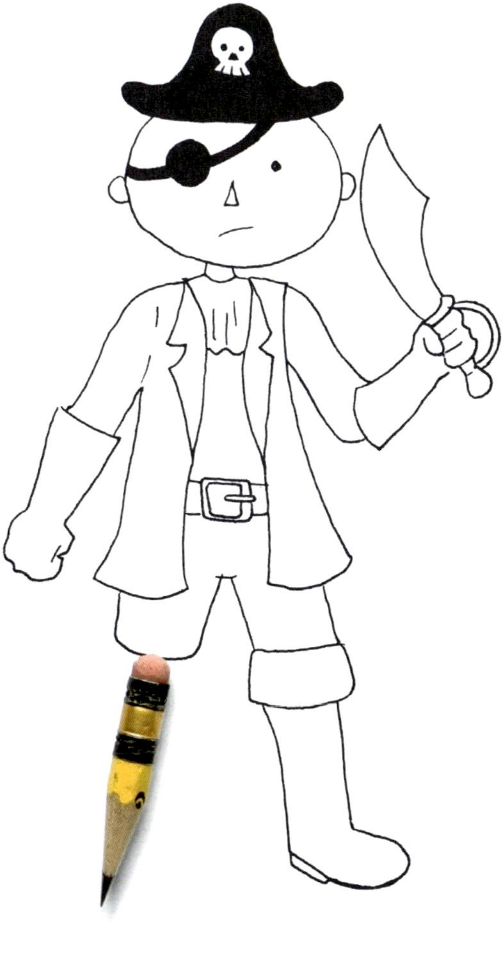

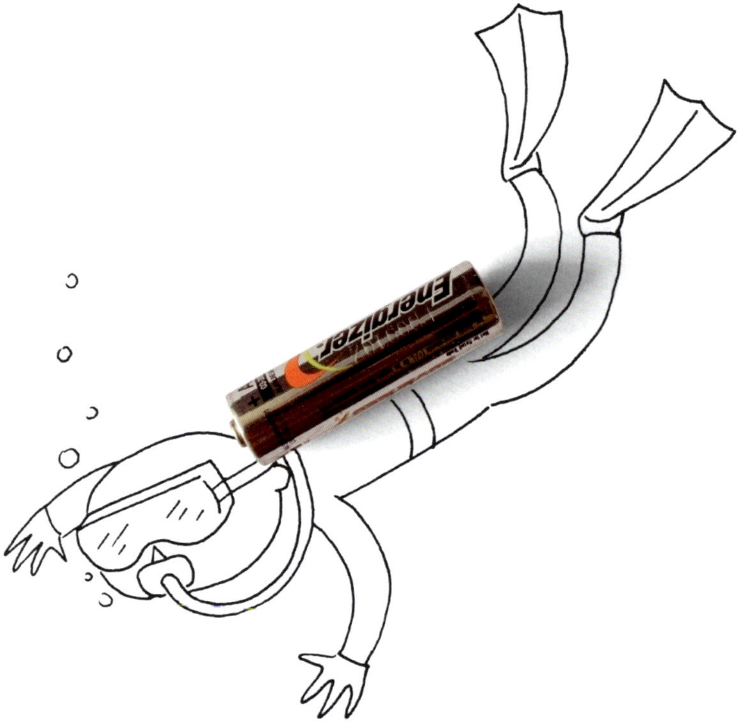
Energizer

Se volvió a sumergir con la firme convicción de que, ahora sí, iba a encontrar el tesoro del galeón hundido. Contaba con un arma secreta: había dado con la manera de estar bajo el agua más tiempo que nunca.

Nos movemos

En los últimos 50 años, los días que una persona se pasa viajando o fuera de casa se han multiplicado por 11: de 20 jornadas al año a 220, de media, en un país desarrollado. No sabemos estar quietos. Nueva York, París, los picos más altos o las playas más apetecibles dejan de ser excepciones para convertirse en norma. Además, con los móviles, ya no necesitamos una base fija. Seguramente todavía no nos hemos lanzado en masa a viajar por el espacio porque el tema de la cobertura no lo tienen bien resuelto. En definitiva, moviéndonos nos sentimos en casa.

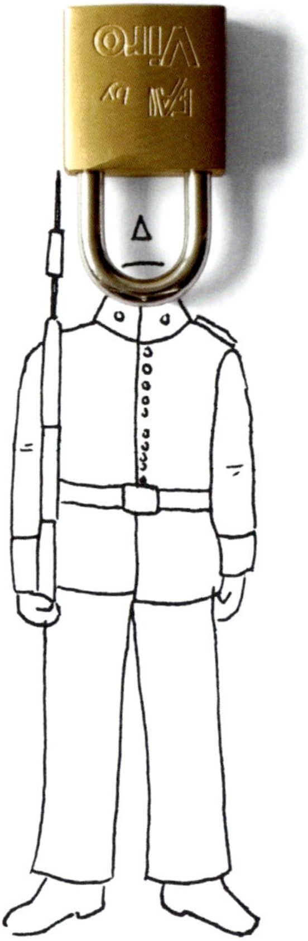

Hoy no hay cambio de guardia: el conserje de Buckingham ha perdido las llaves de palacio. Los turistas se decepcionan, Carlos y Camilla no pueden entrar y en Downing Street no saben qué hacer.

La Reina espera encerrada en el lavabo.

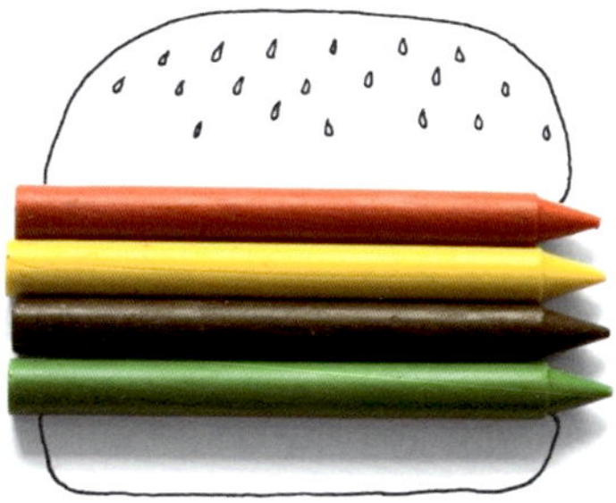

Le encantaba preparar sus viajes con antelación. El próximo iba a ser a Nueva York así que, fanático como era de las hamburguesas, se propuso confeccionar su guía particular de las mejores hamburgueserías de la Gran Manzana.

En negro marcaría sobre el mapa todas las situadas en Harlem. Las de Chinatown y Little Italy, en amarillo. El color rojo para los célebres y grasientos establecimientos del Meatpacking district. Y en verde, las exclusivas para vegetarianos. Esto lo hizo por su novia, que era vegana.

Saca punta y piensa un destino.
Marte, la luna, un cometa o plutón.
Da igual si el trazo es más grueso o más fino.
Basta con un lápiz y tu imaginación.

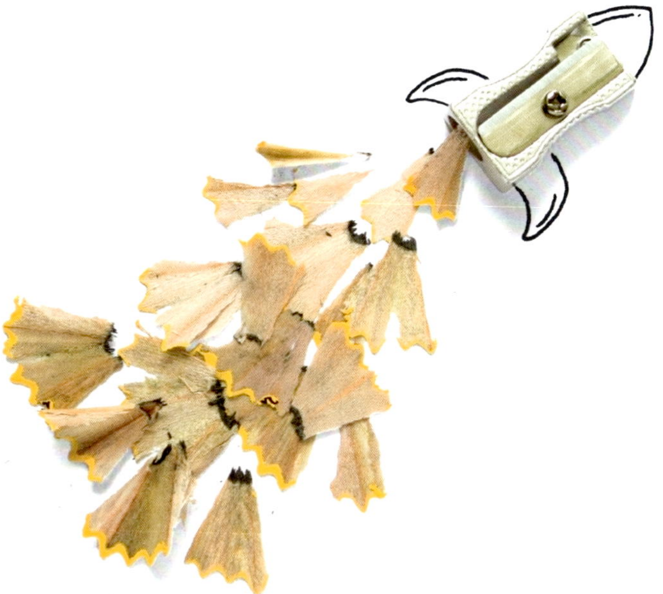

Aquel verano, la gente convirtió las azoteas de la ciudad en salas de cine bajo las estrellas. Las primeras noches, el invento estuvo a punto de fracasar: los edificios estaban tan juntos que las voces de *Casablanca* se mezclaban con las de *Terminator*, estas con las de *Annie Hall*, y así sucesivamente.

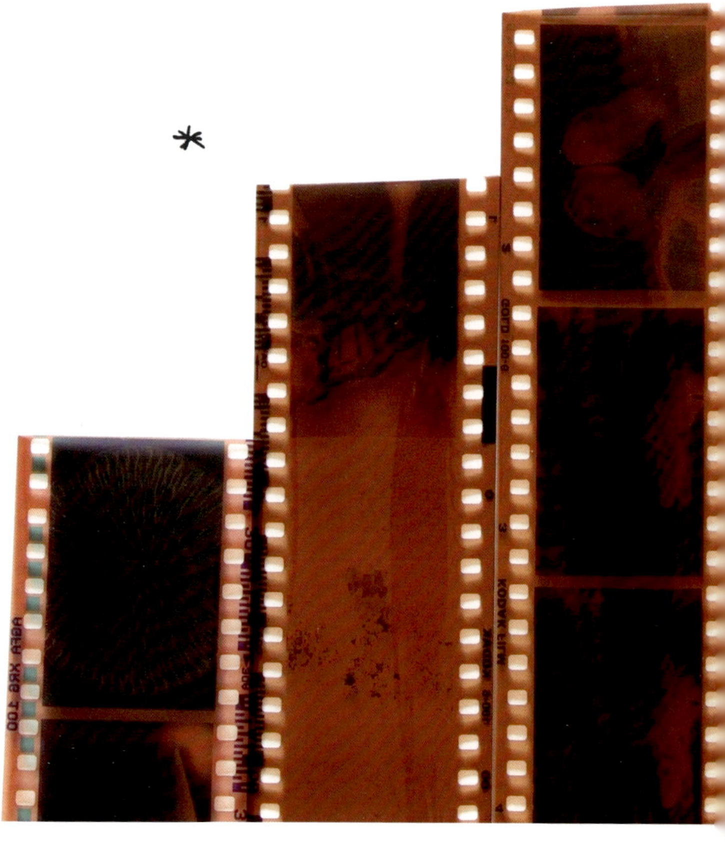

Encontraron una buena solución: dedicaron todas las sesiones al cine mudo. Fue un verano inolvidable.

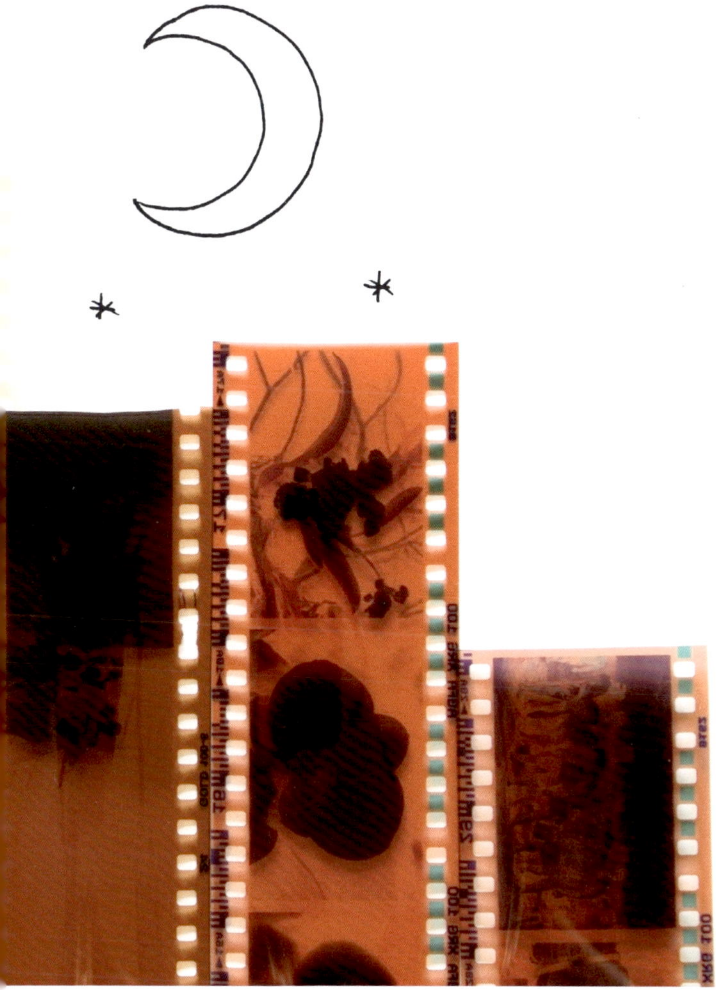

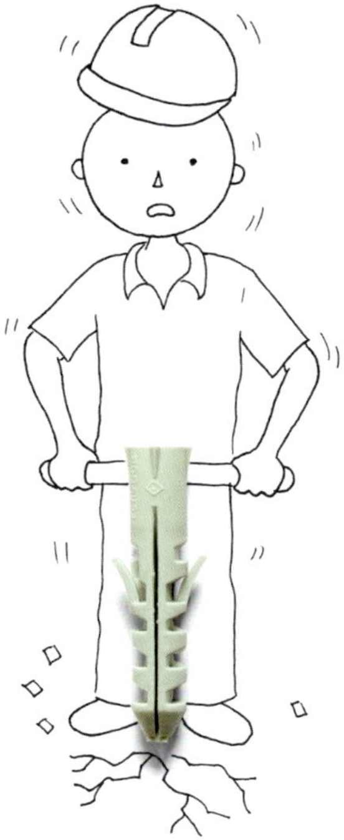

Hay personas muy virtuosas en el noble arte de colgar cuadros, pero otras muchas no han nacido ni para enchufar el taladro. Ponerse con el bricolaje casero les supone tres días de nervios previos y, cuando llega el momento, preparan una que ni las obras del canal de Suez. Las consecuencias son nefastas: dejan la pared en un estado cercano a la ruina romana. Ni colgando un cuadro de dos por dos metros es posible tapar las enormes grietas que han causado con un simple taco del cinco. Son los atilas de nuestra época.

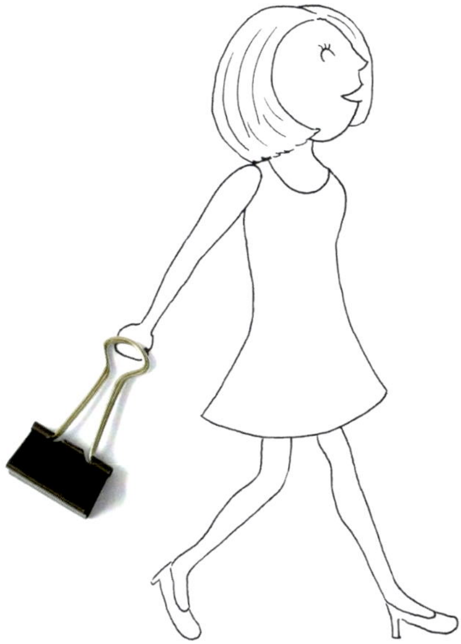

Con paso firme, taconeando las aceras de Milán, una modista freelance vuelve a su taller. Está satisfecha: cree que sus modelos para la temporada que viene han causado sensación. Como mínimo, el cliente se ha quedado con todos los bocetos.
Buena señal.

Existen serias evidencias de que a Gustave le vino la inspiración una noche en Maxime's, entre la *soupe à l'oignon* y el *filet mignon*.

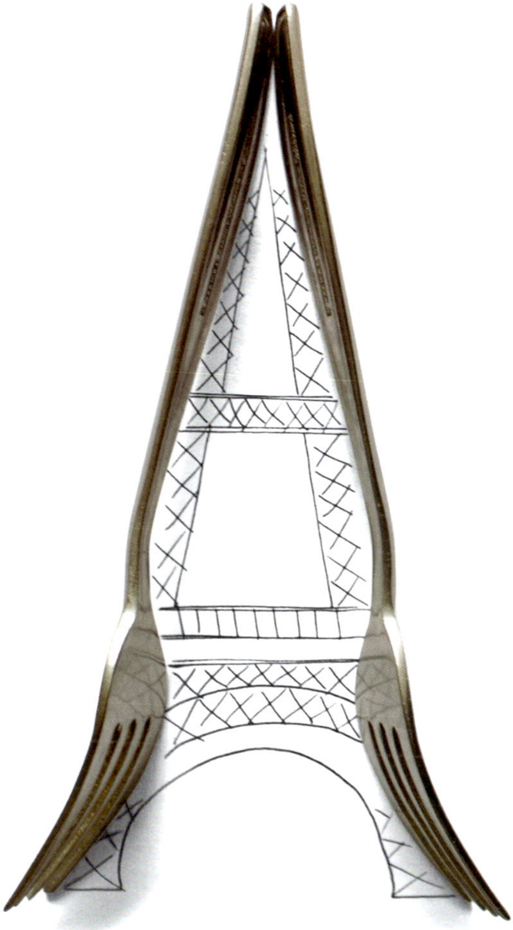

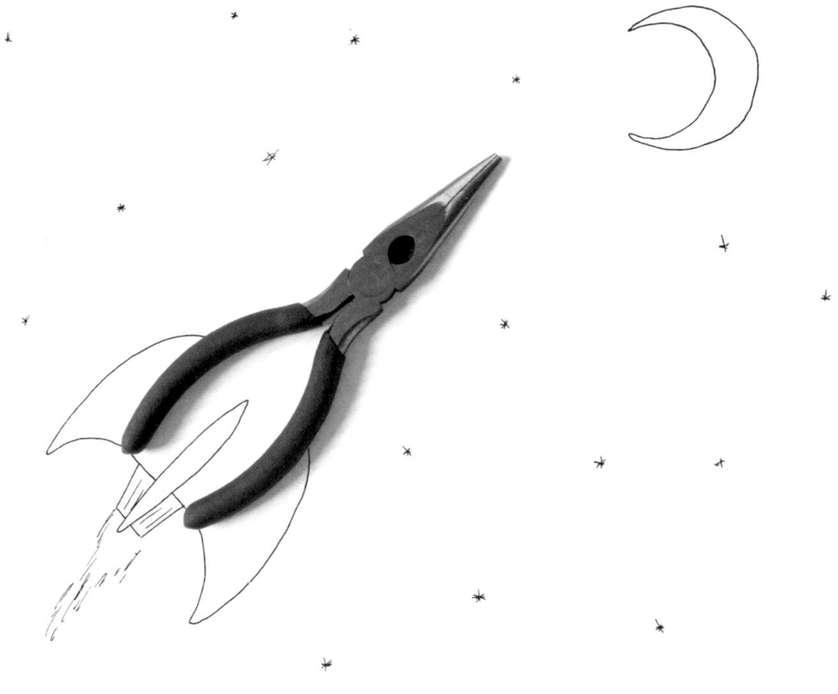

¡Emergencia planetaria: la luna se ha fundido! El equipo de electricistas espaciales sube a toda prisa a la nave, que arranca motores para despegar rumbo al satélite. Cuando lleguen abrirán la caja de los fusibles y trastearán un rato hasta conseguir iluminarla de nuevo. Por suerte ha ocurrido en plena fase de luna nueva y poca gente se ha percatado del incidente...

Si a un tipo de astronautas, el mayoritario, lo seleccionan por su fuerza física, capacidad de resistencia, control mental y memoria, a otro lo escogen por su carácter alegre, desenfadado y saleroso. No vaya a ser que nos encontremos por esos cielos a seres de otro planeta con intenciones dudosas. ¡Mejor que caigamos en gracia a la primera!

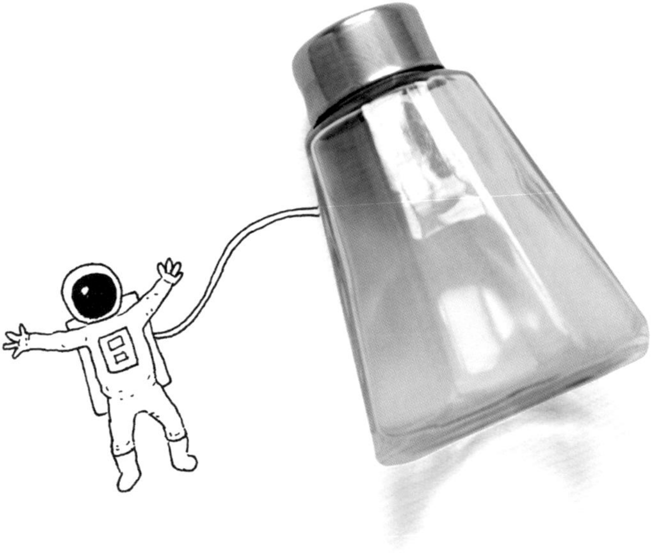

¡Qué miedo!

Pasar miedo es una cuestión de iluminación. A pleno día, bajo la luz del sol, pocas cosas resultan aterradoras. Pero en las sombras se magnifica el pavor y cualquier forma provoca el espanto. Una inocente grapadora, por ejemplo, se convierte en un espantoso monstruo si se sabe iluminar de forma que cause desasosiego y temor. Antes de los efectos especiales, los operadores de cine sabían mucho de ello. Hablando de cine, ¿sabéis cómo se gestó la terrorífica película *Tiburón*?

Al acabar de comer, mientras los mayores charlaban, el hijo de Spielberg, aburrido, cogió una servilleta de papel, el cuchillo de la carne y un lápiz y rápidamente compuso una inquietante escena marina. Su padre no prestó atención a lo que hacía hasta más tarde, cuando lo vio al recoger la mesa.

Año y medio más tarde, *Tiburón* se estrenaba en todos los cines del país.

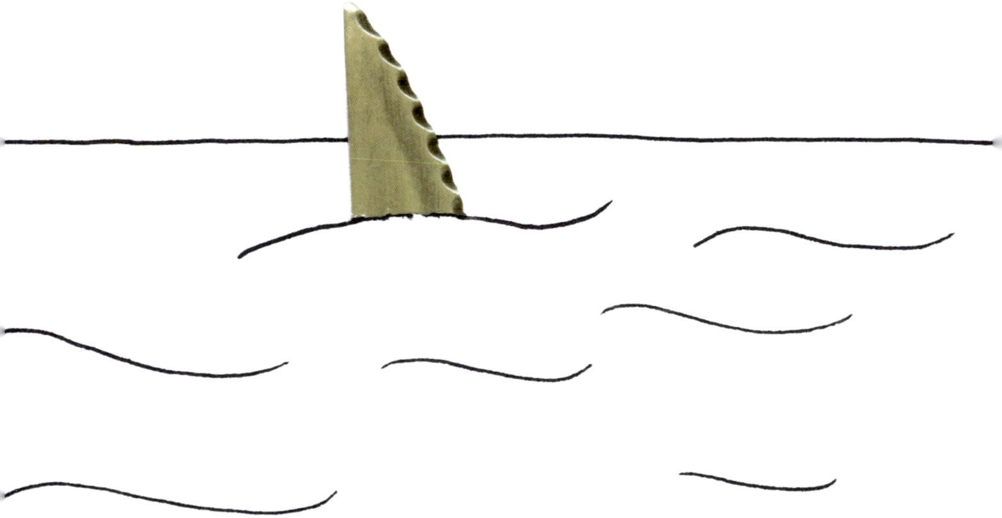

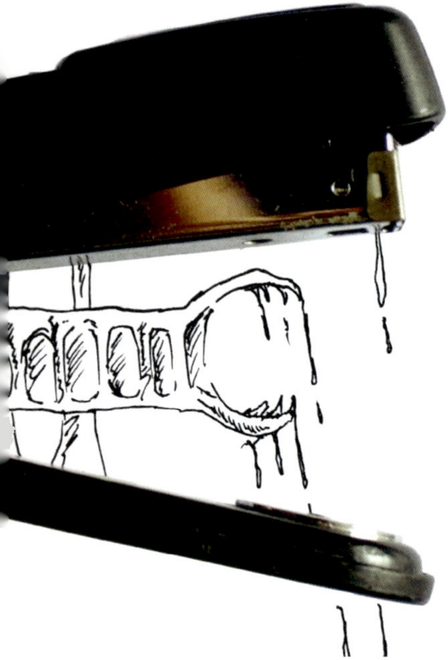

Aterrorizada, una goma corre a esconderse bajo el cuaderno. Por el otro extremo asoman temblorosos tres bolígrafos. El portátil no mueve un músculo, por si acaso. Los folios hace rato que se han largado.
Y de repente aparece, fauces abiertas, temible y hambrienta. Hoy no es un buen día para toparse con la grapadora.

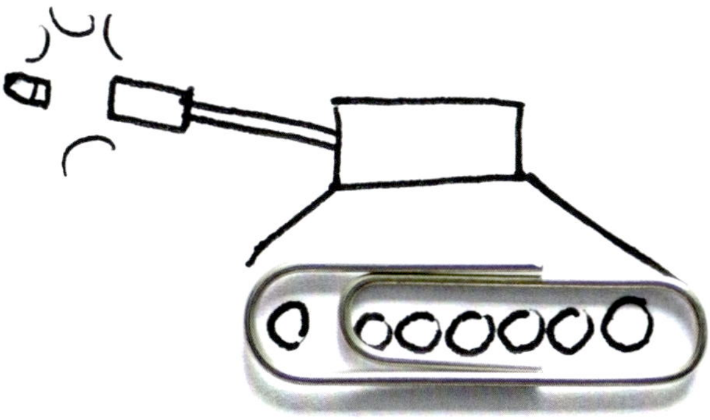

Abrió el sobre, sacó el pliego de documentos y leyó apresuradamente las primeras hojas. La expectación se iba transformando en desengaño, la decepción en rabia. Aquello no era una propuesta de pacto. Aquella era una declaración de guerra en toda regla.

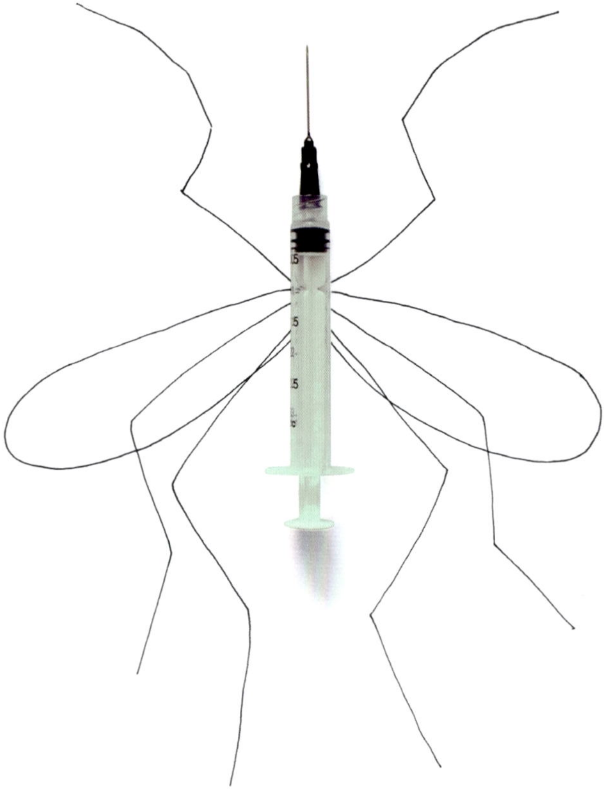

Logotipo para una organización no gubernamental de asistencia médica a poblaciones afectadas por epidemias de paludismo.

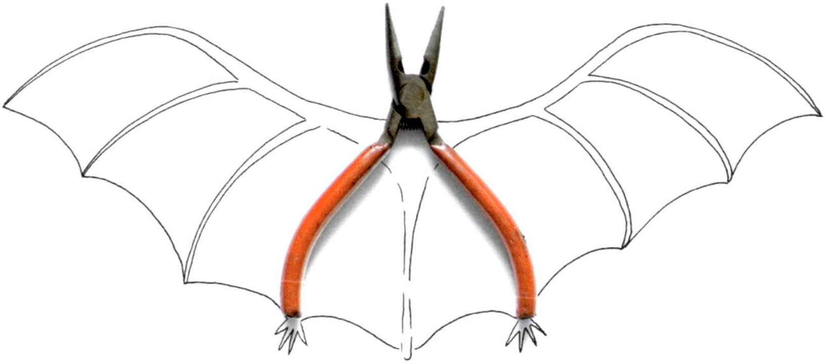

Apagones nocturnos, cortocircuitos a horas intempestivas, reparaciones a oscuras y urgencias eléctricas en plena noche. El vampiro electricista se puede hacer cargo de todo con rapidez, eficacia y profesionalidad. La solución que llega volando. Tan solo hay que tener en cuenta que desde el gremio de electricistas recomiendan recibirle con una ristra de ajos.

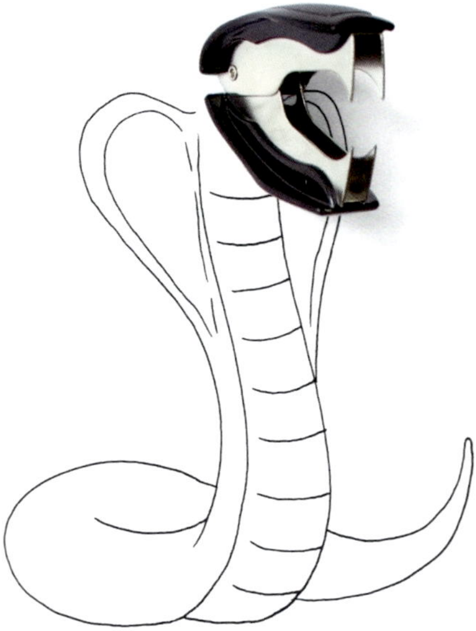

La cobra mortífera se deslizó sigilosamente entre las sábanas del lecho, donde Cleopatra y Marco Antonio la esperaban. Viéndose acorralados por los soldados de Octavio, los amantes se habían encerrado en sus aposentos, dispuestos a suicidarse juntos, abrazados. La serpiente mordió primero a la reina de Egipto. Mientras el veneno empezaba a fluir lentamente por sus venas, Marco Antonio empuñó la daga y...

– ¡Niño, deja ya de jugar a películas de romanos y devuélveme el quitagrapas, que tengo que echar a reciclar un montón de hojas!

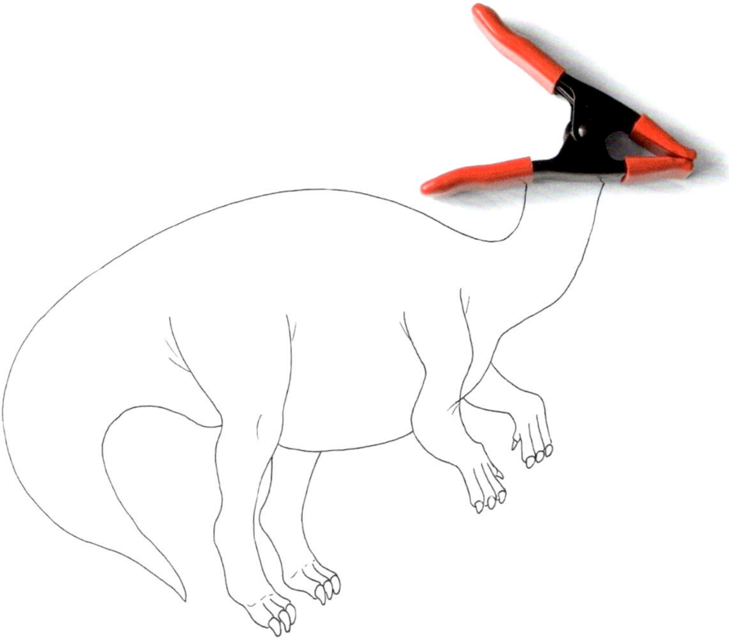

Minutos antes de la caída del gran meteorito, Alfred bajó al archivo con sus pinzas especiales. En la jerarquía del Ministerio de Cultura, era uno de los más grandes expertos en genealogía jurásica. Ese día iba en busca de un documento antiquísimo que todavía no había sido digitalizado. Un valioso papel que requería una manipulación cuidadosa en extremo: Alfred quería evitar tocarlo con las garras.

La explosión acabó con todo. Extinguió a los dinosaurios y se llevó por delante pergaminos, ministerios, ordenadores, pinzas y cualquier otro rastro de su evolucionada sociedad.

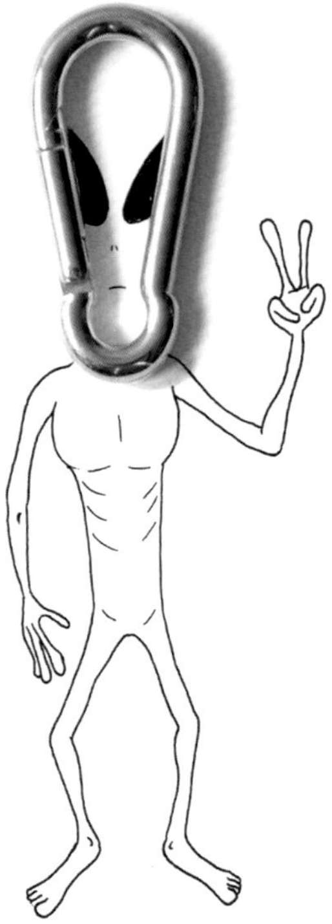

Su extrema delgadez le permitió colarse por una rendija. Salió a una especie de hoyo oscuro y estrecho. Miro hacia arriba y bingo: vio las estrellas. Por ahí estaría su casa... Cortó en seco cualquier divagación y empezó a trepar. Era un escalador excelente, y su cráneo de aleación alienígena en forma de mosquetón constituía su mejor aliado. Pronto llegó a la superficie. Respiró hondo y, corriendo, desapareció en la oscuridad de la noche.

Está entre nosotros.

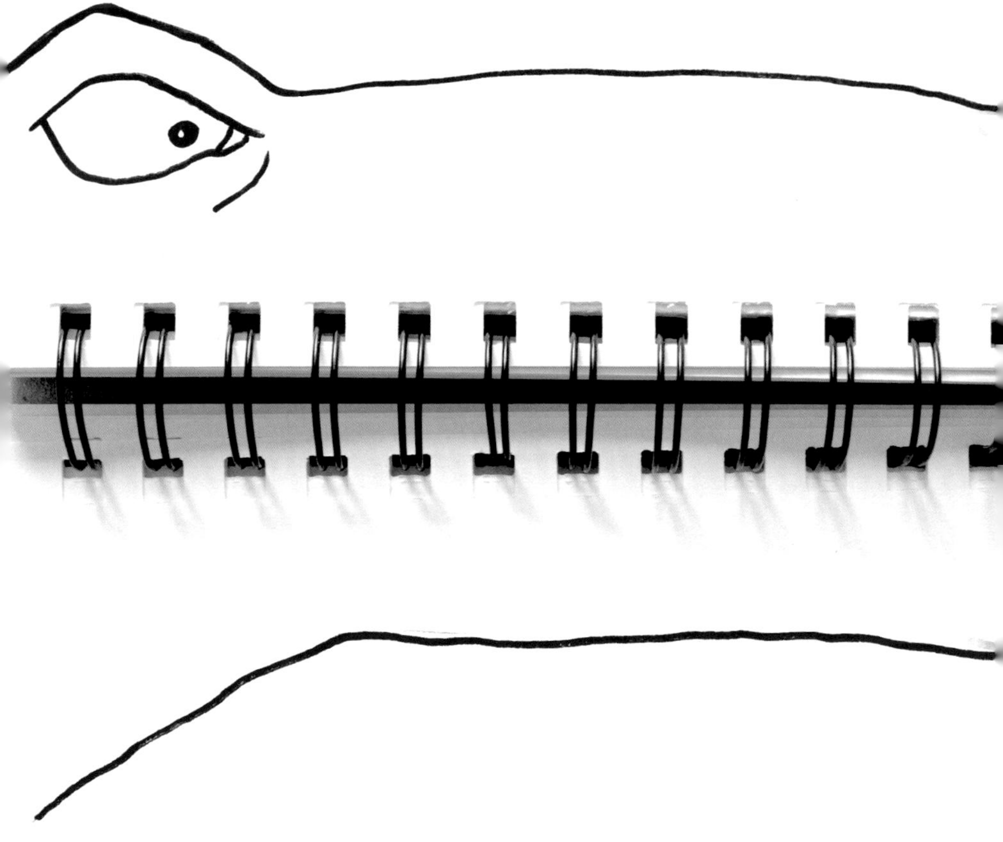

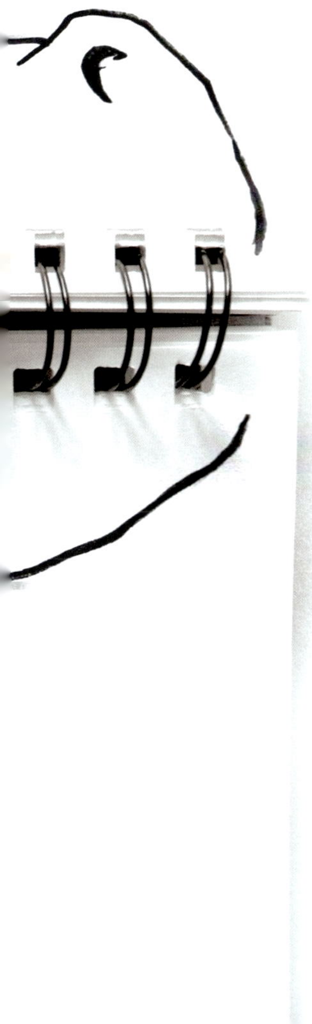

Como todo buen científico
apegado al terreno,
nuestro amigo paleontólogo
también iba por la vida con un
cuaderno de campo bajo el brazo.

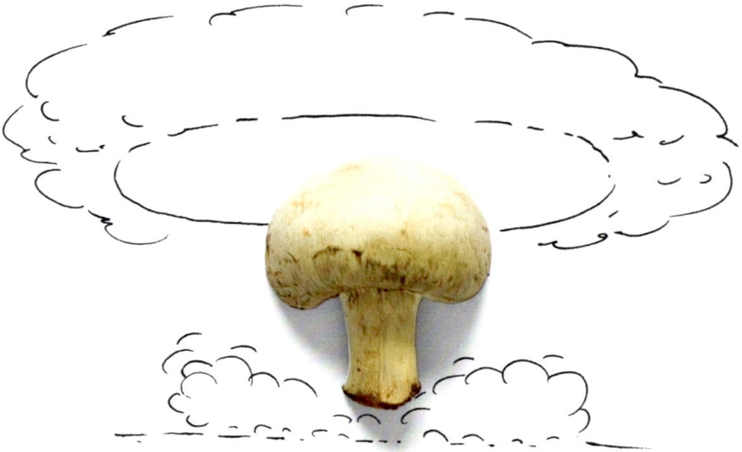

Esto es top secret, pero hay rumores que afirman que en el menú de la cantina de la base de Alamogordo, en el desierto de Nuevo México, se servían setas alucinógenas en el verano de 1945. Por lo visto, los científicos que participaban por aquel entonces en las primeras pruebas de la bomba atómica se convirtieron en adictos a dichos hongos, que habrían sido incluidos en el menú precisamente para estimular los más delirantes sentimientos destructivos. Pocas semanas más tarde, dos ciudades japonesas probaron el veneno mortal de esas setas.

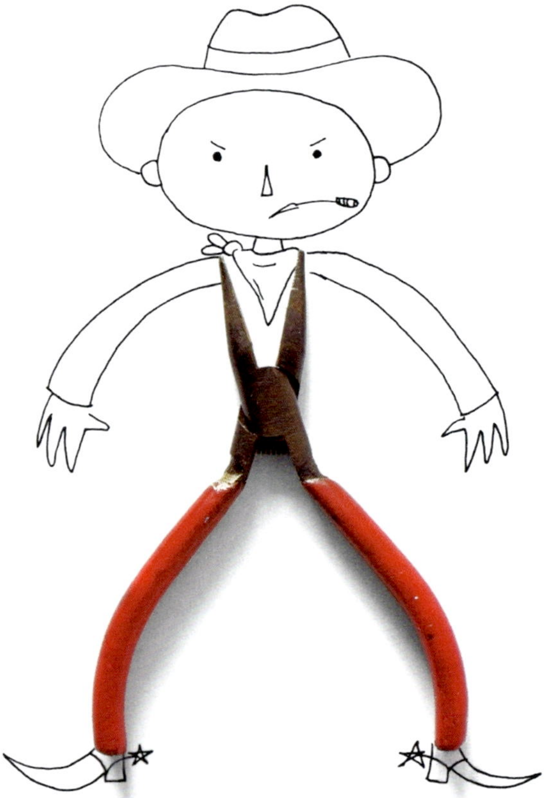

«Audacia, coraje y un punto de mala leche si hace falta. En esta habitación solo hay sitio para uno de los dos.»

Esa fue mi determinada actitud la mañana del sábado, cuando decidí enfrentarme al viejo y siempre pospuesto problema de desmontar los muebles viejos. Agarré los alicates con ímpetu y osadía, y a media tarde ya había bajado al contenedor siete sillas, dos mesas y un armario ropero en estado cochambroso.

Luego, por la noche, salí con los amigos. Y me pasé con las copas. Volví a casa a la salida del sol y en un estado de euforia tal que quise retomar la tarea. Qué susto me llevé: ¡Misteriosamente todo se había multiplicado por dos!

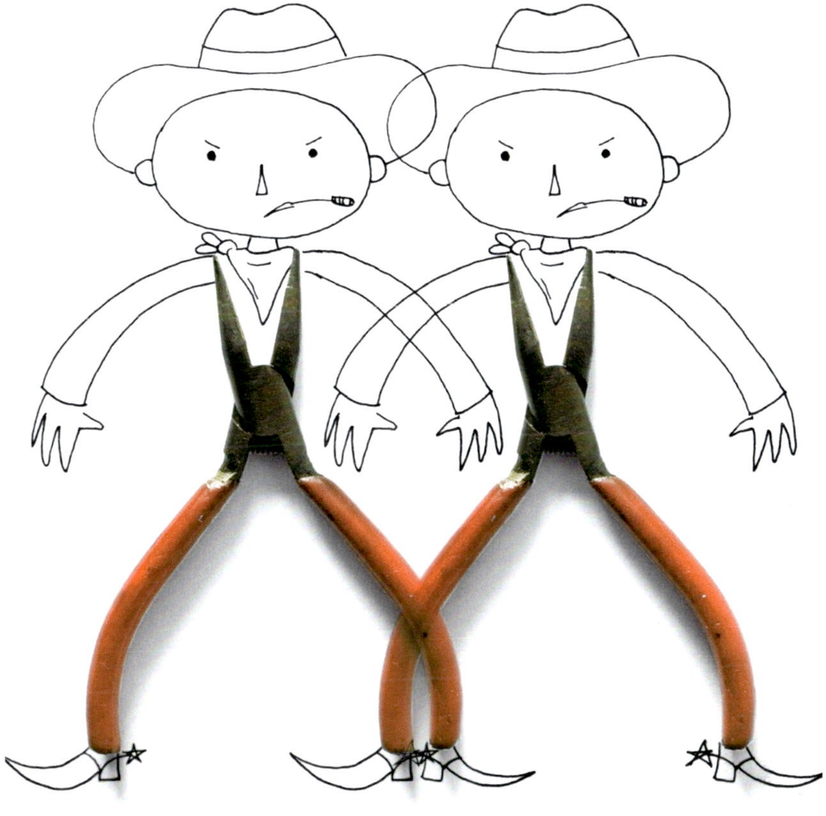

¡Eh, que lo de agitar fuerte la botella y destaparla de sopetón fue solo una broma! ¡Una travesura sin importancia! ¡Pero si ya deben estar todos secos! Además... ¡la tónica no mancha! ¡Solo era un juego! Esto es demasiado castigo para un pobre diablo como yo,

¡sacadme de aquí!

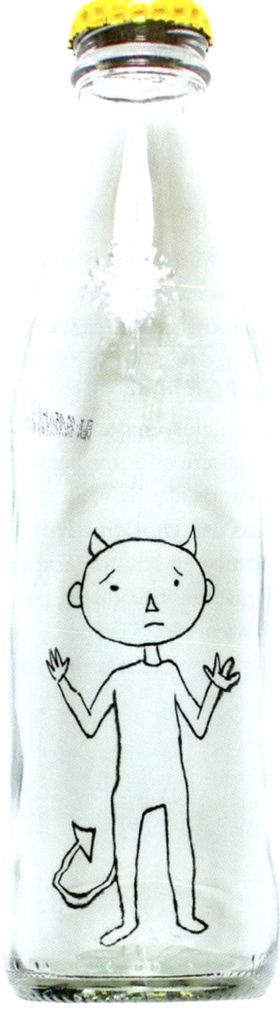